20 世纪中国图书馆学文库·25

图书与图书馆论丛

王重民 著

圙 國家圖書館出版社

本书据世界出版协社 1949 年 2 月版排印

目　次

古论文十一篇,是我在近十四年内所写的。民国二十四年写了两篇,二十五年写了三篇,那是我到欧洲的次年和第三年。又民国三十六年写的两篇,三十七年四篇,都是我去年回国以后的事了! 前五篇是我研究敦煌古书时候的副产品,那时候我除了留意敦煌残卷以外,还访求天主教和太平天国的文献。后六篇是我从美国回来以后的几点回想,按写文章说未免带一点应酬性质。现在我把它们钞辑在一起,觉得在史料方面,还不失为新鲜,于是不自量起来,就起了要印行的"野心!"适李石曾夫人来到北平,答应了我由她主办的世界出版协社出版,这叫我非常欢喜,非常感谢她!

　　　　民国三十七年九月十日王重民记于北平

读中央图书馆善本书目因略谈我国的善本书

  民国三十年春天，我到上海去搬运北平图书馆陷在孤岛上的善本书，那时候，留在后方的藏书家们，多用善本书来换米吃，被日本人买去的不少。教育部就筹了一笔款，委托蒋慰堂、郑西谛诸先生秘密在沪上收买，以免国宝流出外洋。三十六年春天，我又回到上海，听说教部收买的那一批善本书，已经在日本找到，不久可以运回中国来。当时又看见教部接收来的敌伪书单，正由徐森玉、郑西谛诸先生分别善恶，拟把好的留给中央图书馆，普通有实用的分到其他图书馆去。我在陈群的书单内，看到有百分之二十是高丽书，便对徐郑二先生说："我们还没有一个比较完备的高丽书藏，应该劝劝蒋慰堂先生，宁少要几种宋元本，不要叫这一批高丽书分散开。"后来我见到慰堂，又当面说明我的意见，并且说，"这个时代，是古书从私有转入公有的大时代，要努力收买，不要失掉好机会！"

  上礼拜，胡适之先生把油印的"国立中图央书馆善本书目初稿第一辑"五卷,两册,和写本的"国立中央图书馆甲库善本书目"一册给我看,因为那是我久想稍窥其内容的一个重要书藏,便一气读完,欢忭之余,叹为这是我国抗战期间在文化上的一个大收获,也就是蒋慰堂、徐森玉、郑西谛三先生的一件大功绩!我看到书目上著录了百分之四五的高丽书,知道他们曾经采纳了我的意见,叫我个人更得到另一方面的快乐。

上月的报纸上,刊出了一篇美国新闻处的稿子,题为"东西文化的桥梁",是根据华盛顿的消息,记述国会图书馆的中国书藏。所记国会图书馆现有中国善本书一六二二种,应该占全世界第三位,那是根据我两年前的一个小统计。也是在上礼拜,在胡先生没有给我看这个目录以前,我已觉得那个统计不对了,曾乘新闻记者的访问之便,发表一段谈话,把中央图书馆放在第二位,把国会图书馆放在第四位,今就此目,益可证明我的更正是对了。

中央图书馆的善本书目第一辑,共著录了善本书三千四百八十四种,可是,民国三十年的时候,我曾在郑西谛先生处见到两三种,都不在此目内。赵斐云先生说:"中央图书馆买的刘氏嘉业堂的书,十之七八不在书目内。"所以我们疑猜从日本找回的那一百多箱书还没有编目,再加入那一百多箱,一共不难达到七千来种。

另一册甲库善本书目录是仿北平图书馆善本甲库的意思成立的,共著录了十百八十八种,凡宋本一百五十五种,金本四种,元本一百五十一种,明清本一百零三种,钞本二百四种,批校本一百九种,又附录宋本十六种,元本二十四种,都是精品。持两目相校,大半已见善本书目第一辑中,又可知道甲库的选格很够高。

×　　×　　×　　×

欧洲的甲库善本书,他们普通断自一五〇一年。一五〇一是明代弘治十四年,再上推五十年是景泰二年,从景泰二年到弘治十四年,(一四五一——一五〇一)那五十年间,我们印了多少书,现在还存着多少,没法统计;在欧洲呢!据 Dr. Kurt Ohly 统计,现存的数目,在四十二万五千部与四十五万部之间。这个数目实在太惊人了!我们从唐末发明印刷术算到弘治十四年,现存的恐不到十万部,就是算到崇祯十七年(一六四四),现存的也恐怕不到四十五万部!我们发明印刷术比欧洲早五百年,我们计算善本的年代比欧洲晚一百四十三年,可是我们现存善本书的数量不如人家,这不能不叫我们惊异,不能不叫我们失望!

这种数量的问题,一要看当时我们刷印的数量,我想留待将来写一篇"姑妄言之";一要看现在保存的数量,便请暂作一个极粗疏的估计。

清代私人藏书家的善本书录,普通不过三五百种,后来的陆氏皕宋楼,丁氏善本书室,才突过了一千多种,近来的方氏碧琳琅馆,刘氏嘉业堂,李氏延古堂,傅氏双鉴楼,才有超过一千多种到两千种的。这因为私人的力量究竟有限,所以不能有较大的书藏。叶昌炽《藏书纪事诗》,记了清代藏书的一百八十六家,假设光绪年间同时并立的能有一百家,又假设这一百家内,有二十家藏两千种,三十家藏一千种,五十家藏五百种,则一共才有九万五千种。更假设还有十万五千种在政府,市场和不知名的藏书家。用这样宽大的数目来估计,一共才不过二十万部。和欧洲比较起来,真是远不相及,这是我们的图书馆界和文化界应该特别注意的一件事情!

我国自从有了国立和公立的图书馆,善本书就渐渐由私家流入公家,在善本书的本身,是由危险地带得了安全保障,在能利用善本书的学者们,便都有了自由阅览的机会。而我们作编目的人作调查与统计的人,得了这样集中而公开的材料,才得开始作实际的调查工作。

赵万里先生在民国二十二年编的《北平图书馆善本书目》著录了三千七百四十六种甲库善本,二十二年以后,北平图书馆又继续增添了一千五百三十五种。乙库有两编书目,共收了三千九百零七种。乙库的范围稍宽,若想和中央图书馆比齐,可以剔出一千五百种,可是混入普通书库里的明本书,想把比较罕见的和刷印比较好的选出一千五百种,并不困难,所以北平图书馆现藏的善本书,说是有九千一百八十八种,是很可靠的一个数目。

民国七年编印的《江苏第一图书馆覆校善本书目》共

著录了二千五百四十八部，现在应该更多了一些。

现在我国三个大图书馆所藏的善本书数量，大约是：

北平图书馆	九一八八种
中央图书馆	七〇〇〇种
国学图书馆	二五四八种

这三个数目，虽说都不算大，可是已为前古所未有。再有十年二十年，更渐渐的把善本书从私家转移到安全而公开的图书馆里，是一定的自然趋势，而研究与编目的进行也就由初期而进入于较有训练，较有系统的时期了。

× × × ×

话又说回来，我要指出中央图书馆的善本书有三个特点：一是古今名人的稿本和批校本不少。二是集部比较的好，就善本书目第一辑所表现的，宋人别集很够好。三是高丽书藏在国内居第一位，我在前面已经讲过了。

这两种书目，编的也够谨严。虽说仅是一个简目，把刻本的年月，批校人的姓氏，胪举的很够清晰。就是差字误字很多，人名和年代上的小问题也不少。这因为是初稿的油印本，将来要排印或雕板的时候，一定能把那些地方改正过来的。我们现有的编目工具书不够，以往的大学者，对于某一类的书虽说有相当的研究，而对于某另一类的书则认识颇少，又在编目上没有什么训练，所以错误的地方总是陈陈相因，后人很少能改正前人的错误的，现在请就这善本书目的第一辑里举几个犯了旧毛病的例

子:

经部页十二下

　　四书重订辑释章图通义大成四十卷　宋朱熹集注　元倪士毅辑释　程复心章图　王逢通义　明翻元天历元年刊本

按这部书是绝对不能有元天历元年(一三二八)刻本的。作注解的四个人,王逢是最末后的一个。因为元代有个撰《梧溪集》的王逢,以往的学者们多把他俩混成一个人。这位撰通义的王逢,字原夫,号松坞,乐平人,宣德元年荐授富阳训导,不就,三年(一四二八)蒙皇帝召见,又不肯做官。死的时候八十多岁。从天历元年到宣德三年恰是一百岁,王逢的通义那能有天历元年的原刻本呢?说明刻是对的,说"明翻元刻本"就错了。写本的甲库目页十四上,又有一部零本的"大学章句重订辑释章图通义大成一卷",定为"元刊四书辑释本",辑释可以有元刊,但书题上明明有"通义"两个字,那便明明的指示着是王逢的本子,那能是"元刊四书辑释本"呢?

史部页二十七上

　　广舆记二十四卷　清陆应扬撰　清初刻本

集部页四十五上

　　详说古文真宝大全二十二卷　明黄坚编　朝鲜旧刻本

按黄坚是元代人,此题明;陆应扬是明代人,此题清。

这是因为这两部书都是在社会上极流行极通俗的书,遂为高贵的藏书家们所不注意,在旧书目上没有什么好的参考资料。黄坚字子贞,丰城人(有斐堂跋说是永易人)。钱大昕《元史艺文志》著录了他的《遁世遗音》一卷,黄虞稷《千顷堂书目》却把《古文真宝》误入明代总集类了。国会图书馆藏的《广舆记》有冯时可的序文,得知著者和申时行有关系,我曾据申时行的《赐闲堂集》考出陆应扬的事迹,今在北京大学图书馆看到一部明刻明印本,就有万历二十八年申时行的序文。陆应扬的《广舆记》在明末风行一时,《古文真宝》在明朝风行一代,后来又在日本和高丽普通流行。凡是普遍流行的书,多被学士大夫和藏书家们所忽略,久而久之,便读其书而不知其人,再久而久之,便读其书而亡佚了著书人的姓氏了。

子部页十二上

西洋新法历书存四十二卷　明徐光启等撰　明崇祯间刻本

按这部书本来是徐光启李天经等在明代崇祯间编译出来的,当时曾经刻了一些,题为《崇祯历书》。汤若望抱历器降了清,清代就采用了这种新法,于是汤若望另编译了两种,一同另行付梓,方题为“西洋新法历书”。后来因避乾隆的讳,又改题为“新法算书”,所以若遇到题为“新法算书”的本子,绝不是康熙间的印本或写本;题为“西洋新法历书”的本子,就绝不是“明崇祯间刻本”。

集部页一上

　　楚辞章句十七卷　　汉王逸撰　　明万历庚子（二十八年）吴兴凌氏刊朱墨套印本

按凌氏用朱墨套板来印书始于凌蒙初,蒙初死在崇祯十七年,年六十五。万历二十八年他方才二十岁,还没有开始印朱墨本的书,所以"万历庚子"这个年月一定和事实有差误。万历二十八年的时候,也许已经发明了朱墨套印的方法,也许压根儿还没有发明套印法。朱墨套印法的发明,就我现在所得到的史料,只能说是在万历三十年或稍后的时候,徽州人发明的。北平图书馆藏的《闺范》,郑西谛先生藏的《程氏墨苑》,和流到日本去的《风流绝畅图》,是三部比较早的朱墨本,都是刻印在徽州。《风流绝畅图》是万历三十四年刻的。《闺范》就是《女范编》,原来的墨板刻在万历三十年,套印的朱板大概是万历三十五年或前一年方才另刻了加上去的。万历三十四年以前印的《墨苑》也只有墨板,带彩的套板也是三十四年以后新加的。所以我疑猜朱墨套印法的发明,就在万历三十年与三十四年之间,可是中央图书馆竟有一部元至正间资福寺刊朱墨套印本的《金刚般若波罗蜜经》(善本书目第一辑子部页四十七下,又甲库善本书目录页二十上),这真是我国印刷史上一个非常重要的事件!

　　数月前,我在报纸上看到中央图书馆藏有元代朱墨套印本的消息,便和赵斐云先生讨论,赵先生认为那部套印《金刚经》是不错的，不过"仅在灯下看过一下"。我又写信问郑西谛先生，他很相信元代会有朱墨套印本。我曾留心过《程氏家塾读书分年日程》所说的朱墨点抹法，我又见过一部明写本的"批点韩文"，据说那样的五色点抹，就是程端礼的"广叠山法"。如果元人已经发明了朱墨套印法，作谢枋得、刘会孟、程端礼一派学问的人，一定要拿来套印他们点抹的书，何必待到万历三十年以后才肯应用？所以我提出这个问题来，请大家注意，请大家研究和讨论。

上面五个例子，都是以往作编目工作的人不很注意的，所以常常有错误。我尝以为清代只有陆心源一个人在编目上的贡献最大，可是很难再有人能追得上他的学问，所以只有努力准备编目的工具书，才能减少编目上的错误。

×　　　×　　　×　　　×

最末，我向蒋慰堂先生还有一个小小的建议，中央图书馆曾买到一些文澜阁《四库全书》零本，我想那都是洪杨时代散出来的。浙江图书馆虽说曾就文津阁补钞，现在既有了文澜阁的原本，最好叫他"珠还合浦"！慰堂应该自动的呈请教育部，把所得到的文澜阁零本，都交回杭州文澜阁，为我国文化界开创一个空前启后的大合作！

我相信，慰堂若肯拿这件事情作倡导，则一部善本书分在两个地方或三个地方的很多，大家闻风都互相慷慨

9

起来,都互相合作起来,叫一些东逃西散的家属们,破镜重圆,再成了"延津之合",那是多么大的功德!

三十七年六月十八日

述美国国立档案馆

今天承沈兼士先生邀我来说几句话,非常感谢。可是我对于博物馆是外行,对于文献馆更是外行,所以不敢讲什么话,只把我离开华盛顿以前参观美国国立档案馆的一点概念,向大家作个简单的报告。话又说回来,就因为我是外行,恐怕参观时不能看得清楚,则报告也很难抓着要点。好在诸位都是专家,听了我报告的一分,不难悟到十分。

美国国立档案馆(The National Archivas)在华盛顿的宪法街(Constitution Avenue),建筑非常壮丽,收藏非常丰富,可是他的历史并不很长久。民国二十三年(一九三四)六月十九日,国会才通过了建设档案馆的议案,在博物馆林立的宪法街上,用了一年多的时间,就把这座有永久纪念性的大建筑物建筑了起来。次年(一九三五)的十二月内,政府各机构的旧档案,就开始向里边输送了。所有办公室,展览室,阅览室,参考图书馆及档库,都是参酌图书馆及博物馆的建筑原理,稍加变通,一切的安置,如光线风道,都是非常的科学化。比方参考地图的阅览室就和档案阅览室的设备不同,地图篇幅普通都很大,所以地图阅览室用的是大桌子;地图虽说篇幅大,文字和绘画未必就清楚,为阅览人节省目力,特别用了一种没有影阴的灯光设备(Shadowless lighting equipment)。至于胶片(Microfilm)阅览室或唱片(Sound recordings)阅览室的设备,更和普通阅览室不同了!

× × × ×

政府各机构把档案送到档案馆,第一步工作是登记。可是所谓"档案",真是太多太杂了,所以在未登记以前,先要评判,看看有无请进档案馆的价值。一经评定,便给他一个登记号码,这种登记号码和图书馆入藏图书的登记号码是一样的。不过图书馆往往把一部书或同时购入的几部书给他一个登记号码,而档案是从政府各机构大批的接收进来的,所以一个登记号码,常常包括一批大量的档案。编目时可以分析成若干的标题。因为档案用的登记号码不多,所以看到号码,便可知道入藏的年代。譬如国立档案馆的登记号码,一至三十七是一九三五年十二月二十七日至一九三六年尾接收进来的,三一五至四八二是一九三九年接收进来的。

登记以后,第一步是吹去尘土,第二步是消毒和杀虫。吹尘、消毒、杀虫,都有特别的机器。

× × × ×

图书的分类与编目,已够困难,档案的分类与编目,更是比较的困难。一本书,一幅图,都是一个独立的单位,一件档案,虽说也是一个独立的单位,但不及图书分得清晰。所以直到现在,作档案编目的人还不能把每件档案看成一个独立的单位,而给他一个独立的号码。

　　档案消了毒,便送进编目室,编目员依次登记他的(一)分量,普通是按尺寸计算,如有装订成册的,也注明册数。(二)送来档案的机构名称。(三)标题和索引。有了这样的一个草片,可以显示出内容的大概,便可知道应该归入那一部门,或者放在档库的什么地方了。如果档架上已经有了一些同类的旧档,便可按年月插补进去,或者依年月的先后接排在末尾。如果是来自一个新的机构,或者旧机构里面一个新设的部门,便依旧例,把这新机构或新部门的历史、组织、行政等等详为述明,而另给他一个新的位置。所以整个档库的陈设,正是一个美国政府组织的图样。这个图样虽说和别的国家差不多,但美国究竟有美国的特点。我现在在此附带着讲一讲,因为讲明了美国政府的组织,就等于讲明国立档案馆档库里边的陈列了!

　　美国政府的主脑是国会,所以把国会的纪录放在第一位。其次便是政府的执行机构和独立机构。执行机构有十部院,按他们的品级(rank)来排列次序;独立机构截至一九四〇年凡有三十七个,按他们成立的先后来排列次序。十部院的名称和次序是：

1. 国务院（Department of State.）

2. 财政部（Department of the Treasury.）

3. 陆军部（Department of War.）

4. 司法部（Department of Justice）

5. 邮传部（Post Office Department）

6. 海军部（Department of the Navy.）

7. 内务部（Department of the Interior.）

8. 农部（Department of Agriculture）

9. 商部（Department of Commerce.）

10 劳工部（Department of Labor）

三十七个独立构机是：

1. Commissioners of the Sinking Fund.

2. Office of Indian Trade.

3. Washington National Monument Society.

4. United States Industrial Commission.

5. Commission of Fine Arts.

6. President´s Commission on Economy and Efficiency.

7. United States Board of Mediation and Conciliation.

8. Federal Reserve System.

9. Council of National Defense.

10. United States Tariff Commission.

11. Committee on Public Information.

12. War Industries Board.

13. United States Food Administration.

14. United States Grain Corporation.

15. United States Fuel Administration.

16. United States Railroad Admini – stration.

17. United States Sugar Equalization Board, Inc.

18. United States Wheat Director.

19. United States Bituminous Coal Commission.

20. United States Railroad Labor Board.

21. United States Coal Commission.

22. Federal Council of Citizenship Training.

23. National Commission on Law Observance and Enforcement.

24. Committee on the Conservation and Administration of the Public Domain.

25. Veteran's Administration.

26. President's Organization on Unemployment Relief.

27. President's Conference on Home Building and Home Ownership.

28. Federal Deposit Insurance Corporation.

29. National Recorery Administration.

30. National Labor Relations Board.

31. National Emergency Council.

32. Office of the Special Adviser to the President
on Foreign Trade.

33. The National Archives.

34. United States Maritime Commission.

35. Federal Security Agency.

36. Federal Work Agency.

37. Federal Loan Agency.

美国各州有各州的法律,所以每州有自己的高等法院。大概因为国立档案馆在华盛顿的原故罢?在上面所举的三十七个独立机构以后,便是关于司法的档案,而司法档案,仅仅有华盛顿最高法院(District Court of the United States for the District of Columbia.)的档案。

美国国立档案馆的档库,按着美国行政机关的机构,分成四个大部分:(一)国会,(二)十部院,(三)三十七个独立会社,(四)华盛顿最高法院。

十部院和三十七个会社,都又按着他的内部组织来排列,如部以下有"司"(Division),司以下有"科"(Section)之类。有时又因为档案性之所近或参考上的方便而稍有变通,把性质相近的放在较近的地方。如国务院给美国驻中国公使的训令和驻中国公使的报告放在一起,驻中国领事的报告虽说放在公使报告的后边，可是因为领事不止一个，便又把各个通商口岸的领事报告，各自独立成一个单位，依次排列起来。

　　档案的编目比图书困难，因为书可以把一部作为一个单位，档案则不得不用尺寸来计算；把几尺几寸厚的一群档案，叫他自己能显示出他的内容来，只有在标题和年月上下功夫。这是档案编目与图书编目根本不同的地方。美国档案馆的编目计划，一方面是要编一个总目，不但叫各组各群的档案从标题上显示出内容来，还要叫各组各群有互相关联的地方，也发生了联络。所以仿了国会图书馆字典书目的例子，来编字典式的档案目录（Dictionary Catalogue Cards.）。另一方面是要编若干分析参考详目。在十多年前，Dr. Newton D. Mereness 把有关于密士斯比河上流流域（Upper Mississippi Valley）的档案编成一个日历（Calender），凡国会国务院陆军部内务部邮传部一切有关系的档案都采用了，一共得了二十五万来张卡片。Mereness 博士所作的原来一份今藏在伊省大学内（University of Ilrinois），而 Ohio，Indiana，Michigan，Wisconsin，Iowa，Minnesota 各州，都照钞了一部分作参考，这可证明这件工作的重要。所以美国档案馆要多作这一类的大工作。

×　　　×　　　×　　　×

　　还有值得报告的一点是修补和摄影的工作。

修补旧书的技艺，我们中国最早最精最巧。其原因一方面由于我国的纸和墨含有易于修补的特征，一方面由于我们的祖先能利用这种特征而发明了这种技艺和传授。当我在巴黎阅敦煌卷子的时候，看到法国人的修补工作，是把中国遮蚊子的窗布或日本极薄的灯心纸裱在上面。那破了的卷子如果是一面有字，在另一面裱上一层窗布或白纸犹可说，若是两面都有字，便把文字遮得不易读不能照相了。这叫我不能不笑法国人是笨伯。后来到了伦敦，又看到同样的修补方法，始恍然欧洲人是根本不会修补古书的。至于洗刷和揭裱，因为他们的墨不能着水，纸不易分离，更是压根儿办不到。我在美国档案馆却看到了一种惊人的修补方法。就是把破裂的案卷，或一片一片破碎了的地图，按他原来位置整齐排摆在一张好纸的上面，然后放在高压的台板上，于是将有千万钧重力的高压机压板放下来，压得破案卷或破地图和托在下面的那一张好纸变成一张纸，二体融为一体，比我们的揭裱方面又进步多多了！而且不用浆糊，中国用浆糊揭裱过的东西都易于生虫。

　　摄影的设备，美国各大图书馆博物馆，以及政府机关或大公司内，大概都有。北平图书馆也正在计划设备一份。现在不必多说，因为中国政局安定了，就不久可以行开了！

×　　　×　　　×　　　×

我还想报告的,是档案馆把活动电影的影片和有历史性的唱片,都看作档案一并收藏。

政府各机关办行政,把事由写在纸上是档案,若把事由演映在影片上,或者把会议的谈话,个人的演说收在唱片上,比纪录在纸上的更真切,那能不算档案呢? 美国十个部院和三十七个独立机构,在档案馆未成立以前,已有影片唱片上的档案不少,所以向档案馆移交档案的时候,也把这类的档案一并移交过去。今档案馆所存最早的影片是一八九八年合并夏威夷(Hawaii)的仪式;最早的唱片是一九〇八年 William Jennings Bryan 竞选的演说辞——"一个理想的共和国 An Ideal Republic"——这篇讲演原来是在一九〇〇年八月八日在 Indianapolis 讲演的,这份唱片却是一九〇八年在 Bryan 家里重灌的。

美国正在筹备一个影片唱片图书馆,在那个图书馆未正式成立以前,已有档案馆和国会图书馆来努力经营这项采集。档案馆所采集的数目我没有得到报告;兹据国会图书馆的报告,只一九四五年一年的选择,便有三万三千六百十七卷之多。将来一定逐年增加,可想到影片唱片的入藏,是不难与图书等量齐观的。

在我离开美国的前几天,有 The Soundscriber Corporation 经纪人来劝我带着一份他们公司新发明的收音片和机件。这种收音机能接收播音及电话里的消息,收音后又可把片子折叠起来当信纸寄走。又有一种打字机与收音机相配合,给办秘书的人一种极大的便利。说不定十几年以后,行政的公文便将由纸上转移到这一类的收音片上,则档案的形式,真要改观了!

×　　　×　　　×　　　×

以上就我所知道的,把美国国立档案馆的情形大概报告完了!回想那天我去参观的时候,馆长问我中国档案馆的情形;参观完了,秘书长又问我中国有什么关于档案的论文,我因为是外行,不能有具体的答覆。可是不久我想到了北平图书馆寄存在美国的一部《后湖志》,是记载明代黄册档案馆的一部专书。《后湖志》是正德九年赵官创修的,而那个本子却是天启间印刷的,详载着明代二百四十年间储藏黄册的经过。

后湖就是现在南京的玄武湖,湖心有五个小岛,是贮藏档案的安全地带。洪武十四年才开辟那个地方作档案馆,在九洲上盖了八间房,安了三十个书架。以后都是在每三年造黄册的前一年,先把档库和书架建设好,以预备次年收入新档案。到了弘治五年,共有三百三十七间房,把九洲占满了。所以嘉靖一代,移到中洲去盖房子。这些房子都是两面开窗,通风透光,都很科学化。正德八年,因为怕做饭容易引火,又把厨房移到常州去。里面执役的人,都有相当的训练,外人没有牌证,是绝对不许进去的。设备和管理,极像一个近代的档案馆。我觉得这一点是我国历史上的光荣,便作了一篇节要,述那个明代黄册档案馆的建筑,收藏和南京太学生的帮同整理,登在国会图书馆的季刊上(Quaterly Journal,the Library of Congress of Current Aguisitions Vol. 3,No. 2,pp. 20—21,Feb. 1946.),叫外国人知道我们对于档案的保存,在五百年以前,已经有这样科学化的设备了。

三十六年六月在故宫博物院演讲

美国的电影图书馆

　　读者见了这个题目,恐怕首先要问的是:电影是图书么? 若不是图书,为什么收藏影片的地方可以叫作图书馆呢?

　　要说明这个问题,须要先说明什么是图? 什么是书? 简单说来书是用文字来记述人类的思想和历史,图是用绘画来表现人类的思想和历史。把人类的思想和历史记述或绘画在竹简木板上是古代的书,记述或绘画在纸上是近代的书,现在能把人类的思想和历史活现在影片上,不是更新的图书么? 凡是一件发明,总是把原有的东西改了旧观,而能叫那件事物的功用更神速,更普遍。从有图有字的书,到有声有色的电影,正是图书的一个大进步;可惜全世界上很少有人这样想,很少有人想到从图书到电影,是图书上的一个大进步。

　　电影发明在印刷术极发达的时代,他的历史说来真够短,可是发达的真够快。自从给我们发明电报电话的爱迪生氏(Thomas Alva Edison)在西历一八八九年作初步的试验,到明年方才有六十年的历史。在起初的十多年内,法国有吕米哀(Lumiérc),有巴德(Pathé),英国有保禄(Pavl),都在分头作种种的试验,力求电影的进步和成功。但是他们所得的结果,在今日看来未免非常幼稚,不过是现在乡村里仍在保存着的西洋景(Peep-show)而已。直到一九〇三年《劫车大盗》(The Great Train Robbery)一片出来,才算真的成了功,到今天不过仅有四十五年。在那个时候,一些制影片的公司们,由于互相争取专利,而反转变成大联合。一九〇八年美国东部的落杉机城(Los Angeles)就成了出产电影片的中心地。后来渐渐集中在落杉机城外的好莱坞(Hollywood)。现在全世界上没有几个人不知道好莱坞,可是到今天还不过有四十年的历史。

电影竖的方面虽然这样短,可是横的方面真够广大,所以对于人类视觉听觉和思想方面影响之大,恐怕没有能超过电影的了,这可以从影戏院在全世界上的分布看出来。据一九三八年美国商部的统计,在那一年,全世界上共有影戏院六万七千五百六十六座,他们的分布是:

欧洲	三七五七八座
北美(美国在内)	一八七六五座
远东(中国在内)	五七九六座
南美	四五七一座
非洲	八五六座
近东	

单就美国来说：美国有九千一百八十七个乡村有电影院，合计起来凡有一千零九十二万四千四百八十四个座位，每礼拜的看客约有八千五百万人。

美国电影院的数目仅占全世界的五分之一，所以每礼拜全世界上就有四万万个人享受一次看电影的娱乐，每一个月内就有十六万万人享受一次看电影的娱乐，换句话说，就是全世界上每月每人可以轮到一次。这不是非常惊人的一个统计么？这个统计还是在十年以前，如果最近的将来没有世界第三次大战，我相信这个统计，不久就又不适用了！这和到图书馆去看用纸印刷的图书人数作比较，相差实在太大了；办图书馆的人，怎能不把眼光转变一下，来研究、选择、整理、保存这种流行最广，影响人类最大的影片图书呢？

× × × ×

以上我把电影的发明和发达，以及他对于人类影响之大，算是略略说过了！可是，那不是今天我愿意说的话。我今天愿意特别指出的，不是电影院表演的娱乐影片，而是有关历史地理和科学的影片；不是人类互相仇恨互相残杀的时候用来作宣传品的影片，而是应用在文化教育上的教育影片。我认为娱乐影片是一类，是人类所需要的；非娱乐影片（Non - theatrical films, No - fiction films）如教育影片（Educational films）是一类，是人类更需要的。不论那一类，用作恶意的宣传武器是误用，是影片的不幸,更是人类的不幸!

利用电影来传播文化教育,很早便有人注意,很早便有人试用。若说真实电影已有四十五年的历史了,则教育影片也已经有了三十年的历史。一九二三年耶鲁大学(Yale University Press)制了一套美国的编年史影片(Chronicles of America Photograply),引起了学术界的大注意。一九二六年柯达克公司(Kodak Co.)就大量的制造这类影片。也是在一九二六年开始试制有声电影,一九二八年完全成功,对于教育影片,更有极大的帮助。凡关于工业制造,农业生产,医药卫生等科学的片子,地理历史考古等学术上的片子,都叫他有声有色的活现在银幕上。又由于专门学者的编制材料,教育专家工业专家与电影公司的合作,更由于各学术机关与政府机关的热心提倡,这类教育影片,愈来愈发达,愈来愈实用。如大学影片基金会(The University film Foundation)、教育进步联合会(Progressive Education Association)、阿尔璧教室影片公司(Erpi class - room film Inc.)都在努力生产这一类的教育影片。可是全世界上,凡是教育机关多半是穷的,所以美国的博物馆,教育会,卫生医药公所和各种学术团体,常常把自己所制的这类教育影片,自由的借给各级学校,各种社会团体去放映。

这类教育影片,我不敢说将来会有代替了图书和课本的一天,可是他们正在和图书课本争雄,而各学校机关也正在利用他们来辅助图书与课本，实在是现在极显明的一个事实。办图书馆的人，那能不把图书和影片并重呢！

凡是学过图书馆的人，都知道纽约有一个 H. W. Wilson Co. 他是英文书出版消息的总汇，他的资产能和外国的头等公司，头等工厂相比，所以能把出版的消息，自己采访，自己编辑，自己印行。每月出一本那一月的新书目录，每年出一大册或几大册那一年的新书目录，没有一个图书馆，没有一个书铺不用他的书目的了。因此，就没有一个图书馆，没有一个书铺不和这个公司发生关系的。自从教育影片发达以后，用同样的意义和方法，他又在每月印行一本教育影片指南（Educational film Guide），也是按着杜威十进法分类的。每年出一卷，已经出到第八卷了！

×　　　×　　　×　　　×

我所说的电影图书馆和普通所说的戏剧图书馆或工程图书馆是不同的，因为戏剧图书馆是专收藏剧本，工程图书馆是专收藏关于工程学的图书，我所说的电影图书馆，不是收藏电影剧本，也不是专专收藏研究电影的图书，而是收藏电影影片！

近四十五年内，影片的产量真是太大了，想收集起来，大非易事，也是不可能的事，所以到现在，美国还没有一个集中的大电影图书馆。

美国收藏影片的图书馆很多，其最大最有历史的不过三处：一个是纽约的近代美术博物馆（Mluseum of Modern Art），一个是华盛顿的国立档案馆（The National Archives），再一个是国会图书馆（The Library of Congress）。从这三个地方，我们更可以看出他们对于影片观念的转变。首先注意的人是把影片看作近代美术品，不过想把最好的选出来到处去表演。第二步才把有时代历史性的新闻片看作档案。第三步才把有学术性的片子，能影射出时代历史性的片子，和有电影本身历史性的片子看作图书。

　　近代美术博物馆成立之初，就注意电影影片，在一九三五年更特别成立了一个电影图书馆（Film Library），便与各大影片公司联络，作精细而更广大的选择与收藏。自从一九四二年的春天，国会图书馆派人去参加选择，想每年选出一千四百种，送到华盛顿保存。政府又规定，影片的出版，也须和图书的出版一样，必须向国会图书馆登记版权（Copyright），这又得了一个普遍收入新影片的机会。在大战期内，曾有人计划成立一个国立的电影图书馆，可是自从德国投降以后，因为人事和经费的关系，现在还谈不到，所以选择和审查的工作，仍然由国会图书馆办理。一九四五和一九四六两年来的收入，也就特别增多了！

　　国会图书馆一九四五年入藏的影片，一共是三万三千六百一十七卷,内由于登记版权的二千零七十四卷,政府移交过来的三万一千二百零六卷,从别的方面得来的三百三十七卷。政府移交的那一大批之内,有两万六千三百八十四卷为从德国与欧洲其他国家得来,是值得注意的一件事!一九四六年入藏的仅有六千四百六十七卷,内有二千六百四十二卷是由于登记版权得来的。去年的收入我还没有得到报告。像这样收入的数目,十几年以后就非常可观了。

国会图书馆对于影片不肯一律接受,而所以要加选择,主要的原因是没有地方保藏。他所选择的范围,是时代新闻片,教育片,政府所制有档案性的影片,和曾经得到好评而有历史价值的普通片子。

电影事业虽说仅有五十九年的历史,就电影的本身历史说,已经有不少的记录和影片够得上"善本"的资格了。法国的电影发明家吕米哀,曾在一八九五年的三月二十二日和十一月十六日两次在巴黎表演,六月一日又在里昂表演,他把这三次表演,在一八九七年印成了二十九页的一小册记录,叫作 Notice sur le Cinematograph,现在很难得了,而国会图书馆在一九四四年买到了一本。又美国的第一个女明星 Mary Pickford,久已不在银幕上现身了,可是她在美国电影界的成就和影响极大,她的地位若是比作中国哲学里的孔夫子,西洋文学里的莎士比亚,突然说来也许有人反对,可是反对这个比方的人若肯再去研究一下,他大概也就不再坚持反对了。Pickford 生于一八九三年,今年不过五十五岁。她在一九四六年的十月,把她演制电影的宝藏和她所演的一千一百卷影片,都捐给国会图书馆,供大家作历史和学术上的研究。

× × × ×

末了,我要向美国的影业界提供意见:美国的制影片公司们是最有钱的,可是近代美术博物馆和国会图书馆所以能收集电影影片,大部分的经费是从罗氏基金会捐来的。有钱的影业界为什么不自己出钱来办自己的电影图书馆呢? 这是我们外国人觉得很可注意的一件事!

三十七年七月二十八日上午在北平广播电台播讲

记亚洲文会博物院的开创

　　我国今日所有的各种新建设,新事业,若追溯他们的历史,不是欧美人在中国创办的,便是国人和外人合办的,我们自己开创的可以说是没有,这是无庸讳言的。博物馆是保存和宣扬新旧文化的新建设,新事业,要追溯他在中国的开创和发展,也一定是和西洋人有关系。

　　我国最古的两个博物馆都在上海,一个是吕班路震旦大学里面的"震旦博物院",一个是博物院路二十号的"亚洲文会博物院"。

　　亚洲文会就是先前的格致书院。我在伦敦的时候,在大英博物院内无意中看到一本上海《格致书院第一次纪录》(15229. b26)。因为和我国早期的新文化运动有关,我就照来一份相片。上周我又检阅他,发现里面和我国初期博物馆史也有关系。适韩寿萱先生向我要文章,我就把他钞了出来再联缀成这篇短文。

　　亚洲文会博物院,有他们自己编印的创办小史(The History of The Shanghai Museum, The Personnel of The

Shanghai Museum），我没有顾得去参考，因为这个博物院已有七十多年的历史了，他幼年时候的世界和现在的世界，真是相差太远了，我所要说的，只限于他降生时候的事情。

这个小册子，是纪录一八七四年三月至一八七五年九月筹备格致书院的九次会议，最热心最负责任的筹备人，洋人是傅兰雅（John Fryer，1839—1928）、伟烈亚力（Alexander Wylie，1815—1887），华人是唐廷枢、徐寿和徐寿的儿子徐建寅。这本纪录就是傅兰雅编录的。

他们要创办的格致书院拟分三部分：一是博物馆，二是格致堂，三是书房。格致堂就是格致学堂，书房是图书馆。图书馆这个名词，在那时候还不大使用。我今天单说博物馆，请看他们募集和保存陈列品的方法：

"博物馆内安置各种机器，与器具，与造成之货物。如本物重大，则存留小样。总之：西国所有与中国有益之物无不备者。

西国制造家或可借，或可送，各物存于院内。如借者则水脚等费必为本人自备，如送者则水脚送费由本院发给。已借之物，至少存馆中一年后，方可取出。

初开院之时，不能收重大之物，待房屋已宽大，则出示通知各国，凡欲送货物之各人，则董事依房屋之面积，配定各人若干方位，分文不取。又如所欲送之物,不甚合式,董事可以不收。

开院已满一年,如银不敷用,则借入院内之物,每年收租房银若干。

凡入院之物,董事应承,极其谨慎看守,如有失去或受害之物,院中不能赔偿。

凡入院之物,其主人之姓名,住处,并物之号与价,与其说,全译华文,与器物相连。

院内各物,必开明细目,与说印成一书,送与各处。凡送来各物之图之印板,院内印入书中,不取分文;倘如商人欲在书中出告白,必收其钱。

愿上海等埠所有之西商,能明存物于博物院,于自己有益于贸易,不但自己帮助此院,尚可劝各国之原行,助银送物。"

再看他们创设博物馆的目的:

"此书院之设,原令中国人明晓西国各种学问,与工艺,与造成之物。

博物馆内安置各种机器与器具,与造成之货物,便与华人观阅。"

这不过是给西洋商人在上海成立一个商品陈列所或者博览会。可是在那个已经认识了西人船坚炮利,要图自强,非自己振兴工业不可的时候,这就是时代最需要的博物馆了!院中经费,完全是捐来的,据说输捐的华人多于洋人,而且华人们都是主张维新的官吏;要维新的官吏肯掏腰包来行其所好,也是值得表彰的。

　　末了,我要补充一句话,就是这个七十年以前的商品陈列所,竟随着一些好学的传教士,商人,官人,后来就变成一个纯学术的博物馆了!

三十七五月二十九日

美国的图书馆

诸位听众,我现在谈一谈美国的图书馆。

美国是一个新兴的国家,图书馆是一个新兴的文化事业。这种新兴的文化事业,在这个新兴的国家里,特别发达,是大家都知道的。为政府办事人员的参考方便,她有国会图书馆;为政府各种特别机构,或大公司大工厂的参考方便,他们往往有自己附设的图书馆;为普通一般市民,有各城市的公共图书馆;为大中小学学生,有大中小学图书馆;为了乡村僻壤的居民,有巡回图书馆;为了这次世界大战,有战地服务巡回图书馆。此外各种新的图书馆,更是层出不穷,有了甚么新发明,便为他特别设立一种图书馆。如电影事业发达起来了,国会便通过一个议案,拟成立一个专门储藏电影片子的图书馆。又如鉴于这次世界大战战术与武器益趋专门,于是又计划在国会图书馆以外,成立海陆空三个参考图书馆。我尝听到一种批评,说美国的读书人自己不藏书,不如中国或欧洲的学者们爱好图书的气味重,我也承认,但是我以为公共图书馆事业发达了,私人藏书的风气自然要减低。各处的图书馆里都已经把你想参考的书替你预备好了,自己何苦来再买书带书呢?

政府机关和地方机关,大公司和大工厂,以及大中小学到处都有,图书馆也就到处都有,可是这一类的图书馆大多数不公开,其完全公开叫一般普通市民对于看书借书,都能得到极端便利的,是公共图书馆(Public Library)。

自一八四八年 Massachusetts 州通过一个议案,允许地方可以直接征税来建设图书馆,这和我国古时的学田租,近来的教育特捐是一样,都是振兴文化事业教育事业最好的方法。现在美国公共图书馆这样发达,这至少是重要原因之一。单以纽约的公共图书馆而论,他有一百多个分馆散布在纽约城市的各角落,若合起来计算,他的藏书数量,比国会图书馆差不多,可是经费和行政人员,比国会图书馆要多的多。这种公共图书馆,将来能发达到如何地步,我不敢预言,但我相信他的数目是始终赶不上 Drug Store 之多的。可是 Drug Store 有可以帮助公共图书馆的地方。美国各大城市的大街拐角上总有一个卖药的药房,他们叫作 Drug Store,除了卖药,还设着一个咖啡馆,可以吃咖啡,也可以吃冰激凌,或更附设着一个小百货店出卖家庭日用品,除了吃的用的以外,还寄售一些极廉价的图书,或租借普通小说,大可以作公共图书馆的辅助。在你吃完咖啡以后或未吃以前,在书架上看看,花一毛九分或两毛五分便可以买一本书,花四毛九便可以买一部字典或日用百科全书,这和几十年前的北平风俗一样,蒸锅铺或饽饽房都附带着出赁小说或唱本,其用意可谓古今中外,不谋而合,所以我附带着说一说。

美国图书馆的建筑,多是依据科学原理为图书馆而建筑的图书馆,不像我国或欧洲各国,有的由王宫改成,有的由寺庙改成,还有的由家祠或其他的闲房子改成。为图书馆而建筑的图书馆,配置光线,要不伤害看书人的眼目,配置汽管风管,要能变换空气,保护工作人员的健康和保护图书的本质,不受空气的侵蚀。又利用各种机器把阅览室和书库,即使隔离得很远,能叫他们连成一个,或者一馆而有两个建筑,也能把两个当一个用,于取书做事,都不耽误时间。如国会图书馆便有两馆,中隔一条大街,可是从地下安了一个汽管,只要花费五十秒钟的时间便能把书从这一馆送到那一馆。法国巴黎城内的邮局,采用这种汽管,从地下送信,叫做 Pneumatique,是一样原理。曾经利用过欧美各大图书馆的人们,总还记得在巴黎的国家图书馆,或者在伦敦的大英博物院去借一本书,真叫人等得不耐烦,往往把书单填写好了,交到借书柜台上,出外散散步,回到馆里,取书人还没有把书取来。你若到了美国的国会图书馆,把借书单交到柜台上,普通等五六分钟,取书人便把你所借的书放在你面前了。这完全是人事的训练,和图书馆机械化的关系。说来也好笑,我在法国国家图书馆工作的时候,我每天看到楼上的取书工友,和楼下的工友,一面用手摇升降机取书,一面发牢骚,这种手摇机叫做 Dumbwaiter,是为厨房里的工人从楼上运送脏东西的,现在借来运送古色古香的善本书,想谁都觉得有点落后。

英国和法国大图书馆的装设这样的旧、为甚么还这样的有名呢? 这个原因就是因为里面储藏着无数的善本书,是别的图书馆绝对没有的。这种善本,叫做 Incunabu-la,都是一五○一年以前的印本。这些印本产生的时代,正是哥伦布发现新大陆的时代,所以都是美国人没有搬到新大陆以前的产品,对于这个新兴的国家,对于这个新兴国家的图书馆,应该是稀有之物了! 但是美国是一个有钱的国家,有钱就好办事,经过了最近几十年的努力收买,虽说还没有赶上欧洲各国,但也已经达到一个相当的数目。据最近统计,欧洲方面善本流传至今的,大约还有四十五万部,在战前的分布,大概是:

德国	十四万五千部
意大利	九万部
法国	四万二千部
英国	三万八千部
奥国	三万五千部
西班牙	
葡萄牙	两国二万五千部

在美洲的已有三万五千部,大部分是在美国。国会图书馆有五千部,加省的 Huntington 图书馆也有五千部,哈佛大学三千部,芝加哥的 Newberry 图书馆一千五百部,都在渐渐的发展,再加以相当的年月,这种稀有之物,一定也能充满在美国图书馆的书架上了。

三十六年九月十一日在北平广播电台播讲

敦煌的古书

今年一月一日至二十日，北平午门上的历史博物馆筹备了一个"海外中国文物照片特别展览"。一月三日，韩寿萱馆长邀我去解说展览会中的敦煌古书，我在解说以前，曾说了下面一段结论。

前清光绪二十六年，即西历的一千九百年，是中国最倒霉的一年。那一年，八国联军进了北京，在比"城下之盟"还惨的情状之下，订了割地赔款的"辛丑和约"。可是远在西北角上的甘肃省敦煌县鸣沙山千佛洞的第二百八十八个石窟里，在这个倒霉年头的五月二十六日清晨，放出了一线学术上大光明，震动了全世界上的学术界。

千佛洞原来是一个佛教的山，可是那时候正由一位王道士主管，他有志建设，要重修洞像。正在那天早晨工作的时候，有天炮响震，忽然山裂一缝，把封闭将近千年的两万卷古书，就又和人世相见了！

第一次劫取这批古书的斯坦因，这时候正在中亚考古却失之眉睫。和氏之璧不遇卞和，仍然还是一块石头。

这大批"稀世之珍",在无知无识的乡民另一种崇拜之下,或装在轮子上作"转经"祈福用,或烧灰喝了当作神药用。经过了七年的摧残,直到了光绪三十三年(一九〇七)斯坦因又来了,才花费了极少的款子,欺骗这些"乡愚"便哄得了二十四箱古书,五箱图画,和其他佛教美术品,由印度运往伦敦。

次年是一九〇八年,伯希和追踪到了敦煌。自三月三日进洞门,至三月二十六日在洞里工作了三个礼拜,把菁华选完了,送往巴黎。又挑了适合中国人脾胃的几十卷,绕道带来北京,北京学士大夫们,才知道了这个故事,认识了敦煌古书的价值。

宣统元年(一九〇九)八月廿二日,学部给兰州制台拍了一个电报,叫他派人到千佛洞去调查,不论"完全残破",一齐解部。于是把伯希和检剩的,送到了北京。可是解送的官吏们在道上把好的又都偷走了,剩下的送交京师图书馆保管,今归国立北平图书馆。

现在我们要想研究敦煌的古书,最重的在巴黎,其次在伦敦。今天是一九四八年的一月三日,我们登在午门上向东南望望,在发见古书的那年割让给八国的东交民巷,已于去年尾收回了;现在我们在此有这个敦煌古书照片的展览,时间上真是凑巧。

这两万多卷的古书,有经史子集四部书的六朝写本和唐代写本,于校勘,训诂辑佚上都有极大的贡献;有梵

40

文,藏文,于阗,回纥,粟特,吐火罗等文写本,于中古时代语言学上有极大的贡献;佛道二经最多,没入藏的佛经和未经宋元人修改过的道经,于佛教道教史上,更有极大贡献。这些问题太大了,我都不讲,今天只提出敦煌古书里的刻本书和有插图的书来谈谈。

胡适之先生说:"为学要如金字塔,要能广大要能高。"估量一个民族文化的进展,也要看那个文化的高和奘。图书是传播文化的利器,由写本到刻本,是这利器的一大进步。有了刻本,能叫文化加速提高又能叫文化加速广被。插图本能帮助读者容易了解,是更进了一步的能叫文化向广大方面走的。我们展览着的相片,有一部咸通九年刻的金刚经,又有四种唐代的韵书,都是咸通九年以后刻的。我们暂把咸通九年看作刻书的萌芽时代,很容易看出在稍稍普遍了之后,便首先大量生产诗人必备的韵书,这是帮助文化向着广大方面走的一个好例子。

咸通九年是西历的八六八年,正是欧洲的黑暗时代。从十一世纪到十四世纪,是欧洲"文艺复兴"从开始到极盛的时代,也是中国印刷事业的黄金时代。文艺复兴的结果,叫欧洲人也学会了印刷,谷敦伯在一四五六年印成第一部《圣经》,已在咸通九年五百多年以后。

印刷术叫欧洲复兴后的文艺,更快的增高增广,直接产生出来近代文化。北平图书馆藏一部《对相四言》,是近代看图识字一类的儿童课本,约刻于谷敦伯印《圣经》

的时候,比欧洲现存最古的一六五八年印的一部插图儿童课本,也较早一百五六十年。可是若比起我们这儿陈列的插图本《十王经》、《降魔变文》,那便不可同日而语了!《降魔变文》是一部通俗读物,演《贤愚经》舍利弗和牢度叉角力的故事。《贤愚经》叙述这个故事用了四五千字,变文用了八九千字,这个插图本仅仅用了五六百字。看了图,念了字,可省下十分之九的时间,也就同样的把故事弄明白了!

我国中古没有黑暗时代,当然不能完全归功于印刷术的发明,可是也不能说与印刷术的发明没有关系。印刷术萌芽时代与通俗教育的关系,没有人注意过;插图书与通俗教育的关系,更没人注意过。

英伦所藏敦煌经卷访问记

清季敦煌石室闭藏古写经卷,既先后为斯坦因(Sir Aural Stein)、伯希和(Paul Pelliot)所发见,并撷择其菁华,捆载归国。学部始得消息,派员辇致其余数于京师。其稍有价值者,又在途次盗窃以尽,故今世之治敦煌学者,莫不以伦敦与巴黎为两大重镇。民国二十三年秋,余来巴黎,执役国家图书馆中,因得遍阅伯希和敦煌书藏。搜幽剔佚,所获实多。更念斯坦因书藏,其数且倍于此;然一水之隔,每以不能一览其储藏情状为恨。去年岁秒,我国艺术展览会既开幕于伦敦,因乘圣诞节假期之便往观焉。

先是斯坦因所得敦煌经卷七千卷,既移归大不列颠博物院之东方部保管,即由该部主任翟理斯博士(Dr. Lionel Giles)整理编目,闻将脱稿,拟即付印。余至伦敦之次日,即投刺往谒。而翟氏适因假期到乡间小住,因先转赴剑桥,阅大学图书馆汉文书藏,获太平天国官书十一种为前人所未睹。三十一日过午,返至伦敦,抵寓舍,见翟博士遗书,欢迎参观,大喜过望。稍进午餐,即赴大不列颠博物院。

承翟氏迎入公事房,稍谈片刻,见其礼貌清臞,为人和蔼,一望而知为儒者;盖其亲承家学,所寝馈于汉籍有深也。乃导余参观藏经室,室在公事房隔壁。先登第二楼,满室均贮敦煌卷。其陈列方式,用书架先绕四壁一周,中间复并列二排,恰成一隶书之"目"字形。架上遍置长方盒,盒有隔,成为上下二层,每盒长可二尺,宽约尺半,骈置经卷于其中。盖其宽适为经卷之长度,而其长又适可容骈列之经卷从二十乃至三十也。则每盒视卷子之粗细容四五十卷或六七十卷不等。盒面施以绿漆颇秀雅。又导至第一楼,半贮经卷,半贮刻本华文书。经卷之保藏方法,一如第二楼,闻第三楼专储华文书。

在第二楼第一楼参观时,翟氏辄开藏经盒,俾余详观其装潢方法。凡经卷之完整者,另加厚纸作托叶,以保存其原状;其破损者,则重为装裱而于卷端余出素纸一段以代托叶,盖即古人之所谓玉池也。其原为书本式者,亦或间加硬皮。方法至为妥善。

与藏经室相对之书库,为日文书藏。未入观,即仍回公事房,观其所编目录。

目录为卡片式,每卷一卡片,先著录号码,次书名,次撰人姓氏,又次为考按。其有应特别注意之点,统于按语中说明之;尤重要者,则为互见片,盖目录之中,而有索引之意存焉。余见所加考按,往往卡片之一面不能容,辄又接书于背面,其用力之勤,可以想见,将来印行,所裨益于敦煌学者定多也。

翟氏更欲余选阅数卷,以尽余兴。余初不肯多耽延其时间,窥其意实出至诚,乃就目录卡片顺手拈出三卷号码,翟氏即为余亲手取下。一为杜预《春秋左氏传集解》,敦煌残本甚多,不详记;余二卷则甚重要,记之如下:

一、《唐明皇御刊删定礼记月令》,李林甫等注,著录号码为 S. 621。首尾残缺,李林甫、陈希烈、陆善经等进表,犹存下半。按今开成石经,犹存删定经文,并李林甫进表;而李注则散佚已久。考《宋三朝国史艺文志》:"初《礼记月令篇》第六,即郑注。唐明皇改黜旧文,附益时事,号《御删月令》,升为首篇。集贤院别为之注。厥后学者传之。淳化初,判国子监李至,请复行郑注,诏两制三馆秘阁集议。史馆修撰韩丕、张佖、胡旦条陈唐本之失,请如至奏;余皆请如旧,以便宣读时令。"(《文献通考》卷一八一引)又李焘《续资治通鉴长编》:"大中祥符八年七月己未,龙图阁待制孙奭上言:唐李林甫作相,抉摘微瑕,蔑弃先典,为之注解,升其篇卷,冠于《礼记》,诚非古也。当今大兴儒业,博考前经,宜复旧规,式昭先训。臣谨缮写《郑注月令》一本,伏望付国子监雕印颁行。既而翰林学士晁迥等言:若废林甫之新文,则国家四时祭祀,并须更改,伏请依旧,从之。"(光绪七年浙江书局刻本,卷八十五页十四上）又："景祐二年二月乙巳，直集贤院贾昌朝，请以郑司农所注《月令》，复入《礼记》第六；其李林甫所注，自为《唐月令》，别行，从之。仍诏《唐月令》以备四孟月宣读。"（同上刻本，卷百十六，页五下）。晁公武《郡斋读书志》亦称："国朝景祐初改从旧文，由是别行。"观晁氏以"唐月令"标题，则所据殆是别行之本矣。当时诏令虽仍有据以宣读时令之语。盖仅藏在秘府，民间传本遂希，遂不复见诸家著录，盖其亡也勃焉。然玄宗之删定，乃准诸当时节气，延及北宋，犹据用之。李至等通经大臣，三请而后改废，则其影响于当世者，至巨且要。此卷犹为李唐旧物，原为单本，抑系《礼记》残卷，莫由考知。然千年以后，复获《李注》原文，展卷之下，有不胜其惊喜者！

二、《春秋后秦语》下卷第三，晋孔衍撰，著录号码为S.713。按巴黎国家图书馆藏孔衍《春秋后国语》略出本一卷，存《赵语》第五，《韩语》第六，《魏语》第七，《楚语》第八（P.2569），又《魏语》一卷（P.2589），而罗振玉又购得《秦语》一卷，并为印入《古籍丛残》。余来巴黎，又得《赵语》上卷第四（P.3616），《赵语》下卷第五（P.2872），《秦语》中卷第二（P.2702），并为孔氏原文，差较略出本为胜。又罗氏考订其所自得者为《秦语》卷第一，余亦据二八七二号卷子正其误，盖同为卷第二也。且卷末多十余行，可补罗卷之缺。今兹此卷，则又适可补巴黎残卷之所阙也。

若斯眼福，皆翟理斯博士之嘉惠，谨致谢忱！并向为余写介绍信之伯希和先生，同志感谢！

余赴英伦之前三日，往谒伯希和先生，叩以敦煌文献及回鹘史事数则，伯先生赒之。余又曰："罗振玉考订敦煌群书，约在二三十年前，以今观之，容有未备，亟应及时重订。然想其个人亦或已有所补苴与改正矣。"伯先生不非余说，且曰："罗氏既未身到流沙，且未遍阅所出残卷，固应尔尔。然余在敦煌工作时，在千佛洞百余窟中，凡有关于历史之题壁，为影相所不能摄者，均有手录清稿，尤为重要。藏庋箧笥，亦将三十年矣。"言已，返身入书室，取来两个木匣，长尺许，宽六寸许，高寸许，满贮手稿。余亟展观，有赞，有铭，有叙，有题款，上起北魏大统，下迄元明，其著明年月者，以晚唐及五代为最多，西夏蒙古，亦间有之，铭赞序跋，多关史事，可补写本文件所阙。而题款之中，不但有年月可稽，有官衔可考，且阖家老幼，一齐俱名，既可明其世系，且可知其行辈。若归义军之张氏，曹氏，世族之阴氏索氏慕容氏邓氏等，所关甚钜，史籍既已放失，写本文件，又复不全，在今日此诚为唯一宝贵史料矣。余既饱观，乃向伯先生曰："《敦煌壁画集》(Les Grottes de Touen–Hoang. 1920.) 既已印行，此为不可缓。此不但为壁画之解题，亦为研究西北史地者之最重要史料。且在此三十年中，千佛洞经游人之盗窃，风雨之剥蚀，恐原物毁灭已不少，则天壤间一线之传，是在先生木

47

匣中矣。盍即整理印行?"先生颔之。然恐事忙,不果成。余因表示愿为助,先生乐而许之。余以此项史料,其重要不在敦煌写本书,因并及之,想亦国内注意敦煌学者,所乐闻也。

二十五年二月七日巴黎

记巴黎国家图书馆所藏太平天国文献

太平天国一朝文献自国祚颠覆，为满清所深忌，毁灭殆尽！官书而外，士大夫亦讳言之。民国以后，故书野记始稍稍出，然删削窜改，大非本来面目矣！民国十四年，日人内籐虎次郎游欧归去，撰《大英博物院所藏太平天国史料》一文，次年刘半农先生印行《太平天国有趣文件十六种》，于是国人之注意太平天国文献者，始于海外求之。程演生先生摄录法国东方语言学校图书馆所藏为《太平天国史料第一集》，俞大维先生摄录德国图书馆所藏者张菊生先生为之编入《太平天国诗文钞》内，萧一山先生摄录大不列颠博物院所藏为《太平天国丛书第一集》。海外所藏，自是复入中土，而太平官书，亦十得八九矣！

余于民国二十三年十月来巴黎，服务国家图书馆中。公余之暇，辄抽绎所藏汉籍，得窥太平天国所刻书十四种（重一种，实十三种），为刘半农、程演生二先生所未见，似国人之游欧者亦均未见也。亟取而读之，稽以英德及东方语言学校所藏目，则无出其外者，然版刻不同，文字互异,循其异同之点而求之,则有极大意义存焉。惟余于太平天国文献,素未究心,诸家摄录与纂述,亦多未寓目;行箧中仅携有《太平天国诗文钞》一部,内载张菊生先生校增德国所藏太平刻书九种,比较观之。于太平军与三合会之关系,杨秀清逐渐专横之陈迹,在此直接史料中,掣出蛛丝,则官书野记之是非,或可进求判断矣! 萧一山先生曰:"余固虔祝学人能用史料以治史学!"(语见《大公报图书副刊》第五十五期《太平天国丛书第一集序》)方今太平官书,众本齐出,其前后刻本所以不同之故,善治史学者自能知其史心史意之所在也。余恨未见诸家书,余尤恨最近不能赴英以观其全,赴德以睹其真,即巴黎语言学校所藏,既未暇前往阅览,亦未见程先生所摄录,然则书既曝露于世矣,而聚之之难,犹有如是者,则余此记,为不可缓也!

巴黎国家图书馆所藏此十四种卷首均钤有太平天国"旨准"大方印,如张菊生先生所见者。又有法国帝室图书馆(Bibliothégue Emperiale)小圆印,则其所从来者旧矣,兹依旨准颁行诏书总目次序,条记如下:

天父上帝言题皇诏

　　书封面题"天父上帝言题皇诏。太平天国癸好三年新刻。"书内首行及书口并题"十全大吉诗"。按《太平天国野史》载是诗题"天父上帝醒世诏",并是当时别名也。每半叶四行,行七字;每首占半叶。每句为

50

一行,共十首,五叶。眉端标"其一""其二"以为目次。与《野史》所载相较,其一句二:"共王作主救人善",此本共王作"禾王"。其二末两句"为人不可起歪心,全敬上帝自无尤",此本作:"玉清不好起歪心,全敬上帝不愁难",余尚多小有异同。凡与《野史》不同处,如"不愁难"句,较与文件内通用术语为相近。"禾王"二字,虽不得其解,杨秀清官衔为:"劝慰师圣神风电禾乃师赎病主"。《野史》载一告示称:"其陷为妖者,如人之受病,又生东王劝人回头,救人疾病,故称东王为劝慰师赎病主。"《太平救世歌》亦云:"师称禾乃赎病群黎",则"禾王作主救人善",为歌咏杨秀清矣。共王之真,而独归之禾王矣!

天父下凡诏书

书封面题:"太平天国壬子二年新刻",半叶十行,行二十三字,遇"天父"提行抬一格,行二十四字。共十三叶又三行。按《太平天国文钞》载张菊生先生跋德国藏《下凡诏书》刻本,称"原书半叶九行,行二十二字,共十五叶又半叶零一行!"则与此本非同一版刻矣!惜张先生未记付梓年月,不详为何时刻本?然两相比较,字句异同之处甚多。最堪注意者,德藏本凡天王自称均直署作秀全,或简署"全"字,而此本则一律改为"朕"字,且提行空一格,以示尊贵。按《天父下凡诏书》作于辛开元年十月二十九日(一八五

51

一），旨准颁行，当时应有刻本。此本署壬子二年（一八五二）。虽不敢必德藏本为刻于辛开，此本即刻于壬子（此本明署壬子二年新刻而不敢必者，说详下），要之德藏本刊刻在先，此本在后，可断言也。初刻天王尚自谦挹，不敢拟于古之帝王，后刻本一律改为"朕"字，固可为判断初刻覆刻之资，而草莽英雄，渐自尊大，在此小小校勘中，颇有耐人寻味者。张菊生先生跋又称："提行格数，悉依原式，文字有不通处，亦不改动；惟确知其误者，则标注于下。"一如"假辨带妖壮"（《文钞》一四八页上），张先生校云："辨依下文作办"，此本正作办。又"其时小子既得谪度此域易功"（页一五〇下），张先生校云："功当作攻，一此本正作攻。凡此改正，亦为后刻之明验也。"

天命诏旨书

书封面署："太平天国壬子二年新刻"。半叶九行，行二十二字，共十四叶。按此署刻于壬子（一八五二），而书内所载天王诏旨至癸好三年（一八五三），则不应刻于壬子可知也。按书前所附"旨准颁行"诏书总目有十五种，尝略作统计，知辛开年有十三种，壬子年有十四种，癸好年增入《太平求世歌》方有十五种，此可为不刊于壬子年之又一证也。盖此等小册子，为军中宣传要品，将帅随地覆刻，主其事者非有学识与刻书经验之人，不但书封面仍旧，而刊刻年月，亦不知改,故其所刻书,欲求其真正年月,不能以其所自署者为据也。此本与德国图书馆藏本,字句略有异同,然无大关系,惟辛开七月十九日在茶地所发诏令(见《文钞》页四下),此本末尾多百九十八字,实含有意义。兹先将原文补录于下:

"今行营:其令各军各营,队伍宜整齐坚重,同心同力,千祈恪遵天令,不得再逆。前军主将贵妹夫,左军主将达胞,同统戊壹监军,前壹军帅,前贰军帅,左壹军帅,左贰军帅,开通前路。中军主将清胞,统土壹总制,中壹军帅,中贰军帅,及前选侍卫二十名。护中右军主将正胞,后军主将山胞,同统右壹军帅,右贰军帅,后壹军帅,后贰军帅,押后。每行营匝营,各军各营,宜间匀连络,首尾相应,努力护持老幼男女病伤,总要个个保齐,同见小天堂威风。众兵将!各各遵!钦此!

此是前时行营坐营,铺排如是。今宜听东王将令。"

按末一行十九字非天王诏语,当是刻书时所增说明。余因推断原稿及原刻本必无此一行说明,而有"今行营"以下至"钦此"百七十九字。余因更推断此本所以有此一行说明者,彼时盖因杨秀清始专横,兵权既在握,他人奉杨之旨意或受杨之命令而增之也。德藏本所以无此百九十八字者,则因刊刻更在此本之

后,杨秀清愈专横,不欲留此陈迹,因并将诏语原文
而删去之也。德藏本张先生未记刊刻年月及行款。
大不列颠博物院、东方语言学校并藏有是书,现亦不
知刊于何年;俟将来获观后,或有能证吾说之不谬
者。

出麦西国传

黄色封面,龙签,然无书署,书内首行题"出麦西国传
第二",验其内容,则《旧约》第二章也,因知即《旧遗
诏圣书》矣。纸墨甚佳,剞劂精雅,不知刊于何年,共
六十四叶,四十章;章分若干节,用小字标于行间。
大不列颠博物院藏两本,不知并相同否?按颁行诏
书总目十三种者,尚无《新遗诏圣书》;而《原道觉世
诏》有"又考番国《旧遗诏书》"之语,则新旧遗诏书
颁行较后,而《新遗诏书》更后于《旧遗诏圣书》也。
余又检巴黎国家图书馆藏《神天圣书》载《旧遗诏书》
兼《新遗诏书》数部,为莫利逊与米怜二氏所翻译,一
八二三年英华学院(Anglo–Chinese College)刊版。
是在洪秀全之前,《新旧约》久有新旧遗诏书之译名,
颁行后不过循其尊称,又加一"圣"字耳!盖戎马仓
惶之际,太平军又鲜通西文之人,新旧遗诏书必非出
于当时新译者也。
又太平天国旨准颁行诏书总目内,尚有《天理要论》、
《钦定制度则例汇编》两书,未发现传本。余查国家

图书馆藏有《天理要论》一部,分十二章,九十六叶,二号铅字排印,题"尚得者纂",阅其内容,与太平天国无关,又其书与嘉庆间伦敦传教会(London Missionary Society)所编纂刊,印诸书在一目上,盖亦印于嘉庆末年,在洪秀全之先。然吾人因此可推知:凡太平军中颁行天主教义重要书籍,必均有所本也。

天条书

书封面题"太平天国壬子二年新刻",半叶十行,行二十三字,遇天父字提行抬一格,行二十四字,共九叶。与《文钞》页百二十五下所载德藏本相较,字句异同颇多。盖所记"解罪规矩"与"悔罪奏章"等件,随时有修改故也。

太平诏书

书封面题"太平天国壬子二年新刻",半叶十行,行二十四字,共十四叶。首《原道救世诏》,次《原道醒世诏》,次《原道觉世诏》。按《文钞》叶七下所载德藏本,《救世诏》作《救世歌》,《醒世》、《觉世》二诏并作"训",且《救世歌》后有四百二十一字长之《百正歌》一首,为此本所无。其他字句异同之处亦多,如《原道救世歌》首段,"道统根源惟一正",此本"道统"作"真道"。"历代同挨无后先",此本作"皇天上帝的亲传"。"试看人间子侍父,贤否俱循《内则篇》",此本下句作"贤否俱宜侍养虔"。大抵德藏本如"道统"

"内则篇"诸语,为与儒家相近;此本所改削者,则为渐合于耶稣教义矣。吾人由此可知德藏本剟剜在先,此本应较后也。盖太平军之初起也,虽利用天主教义,然洪秀全诸人,非深于教义者,故诏书谕旨,多援用儒家思想与术语;后乃定天主于一尊,遂排斥儒教,此必然之势也。《百正歌》四百二十一字,几于纯属儒家思想,则后刻本自应删去无疑。但此本删削之后,仍含儒家思想较多者,则因颁行较早,不胜改削也。《原道觉世诏》有"又考番国《旧遗诏书》"之语,斯时已旨准颁为圣书,而仍冠称"番国"者,则偶未及改也。

太平礼制

书封面题,"太平天国壬子二年新刻",半叶八行,行二十二字;馆中藏两本,并同。与《文钞》页十九上所载德国藏本,异同亦多。如王长女一条,德本"长天金","二天金","三天金",此本作天长金,天二金,天三金。东西长女条德本作"长东金""二东金","长西金""二西金",此本作东长金,东二金,西长金,西二金。而南北翼世子,南北翼女六条,此本并不具文,只云:"皆与东西一式",故减省二百余字。

太平军目

书封面题:"太天天国壬子二年新刻"。共三十四页。

太平条规

书封面题:"太平天国壬子二年新刻"。半叶六行,行十二字,共五叶。载《定营规条》、《行营规矩》各十条,与《文钞》页百三十一上德藏本相同;然字句亦有异,知非同一刻本。《行营规矩》第二条,德本:"如遇天王及各王时,各回避道傍",此本无"如遇天王及各王时"一句,当系脱落。"衔舆"此本作"御舆,"则疑《文钞》排误也。

颁行诏书

书封面如下:

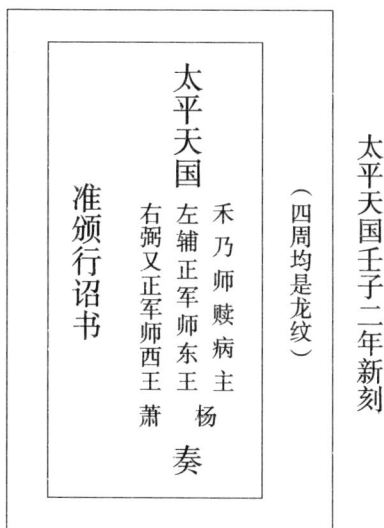

半叶十行,行二十四字,共十叶。汇东王杨秀清、西王萧朝贵联名所发谕示三篇,奏准天王颁行者,故称《颁行书》。按《文钞》页三十一上所载德藏本,虽未注明刊刻年月,以予考之,盖近于原本,而此本则实刻于壬子二年也(按《救一切天生天养谕》德本云:"戊申岁三月上帝下凡主张,九月天兄耶稣下凡拯救,今既三年矣",此刻三年改作五年,从戊申至壬子恰为五年,是此本刻于壬子之证)。二年之间,太平军由湖南直下金陵,时间虽短,而变化颇巨,故两本异同之处,实有极大意义存焉。兹摘录《奉天诛妖救世安民谕》一段,以示其异同:

"况查尔们壮丁,多是三合会党,盍思洪门歃血,实为同心同力以灭清,未闻结义拜盟,而反北面于仇敌者也。"(《文钞》页三十二上,即德藏本)。

"况尔四民人等,原是中国人民,须知天生真主,亟宜同心同力以灭妖,孰料良心尽泯,而反北面于仇敌者也。"(巴黎国家图书馆藏刻本页一下)。

按现藏太平天国文件中,言及三合会者,于今所见,似仅此一处,而后刻本又删去之,可知其讳言之深也。上帝会与三合会,曾有一度合作,学人类能言之,然究无强有力之证据也。东西二王谕告团勇,有"尔们壮丁,多是三合会党,盍思洪门歃血,实为同心同力以灭清"等语,殆上帝会与三合会曾有洪门歃血故事,故此始能以大义相责耶? 然余于学问,颇为虚心,因别无他证,解作东西王以三合会灭清宗旨,责三合会党人不应作团勇,不应助清军,亦有可通。然再推想后刻本所以删去之故似仍以前说为近是。盖太平军由广西入湖南时,三合会势正猖狂;而官军与团勇联合,则太平军与三合会立于同一战线,勾结团勇,共敌清军,自是必然手段。洪门歃血一事,虽不敢必,而是时太平军所发谕示,与三合会宗旨多相近,在此《颁行诏书》中,又有足征者。如德藏本《奉天讨胡檄布四方谕》云:"慨自有明失政,满洲乘衅,混乱中国。盗中国之天下,夺中国之衣食,淫虐中国之子女人民;而中国以六合之大,九州之众,任其胡行而恬不为怪,中国尚得为有人乎?"(《文钞》页三十二下)完全三合会口吻也,而此本遂节为:"慨自满洲肆毒,混乱中国;而中国以六合之大,九州之众,一任其胡行而恬不为怪,中国尚得为有人乎?"(页四上)文气已轻减若干,而于"有明"字样,即作历史的叙述者,亦删而不存,则其毁灭往日史迹,有至于此者!满清曾称后金,后又讳言之正一例也。

太平天国癸好三年新历

前有东西南北翼五王请颁行新历奏,与《文钞》页三十六下所载请颁行甲寅年新历奏,大致相同,盖因已成官样文章故也。次为月序日序,月序顶格,日序低一格,凡日曜日注"礼拜"二字于该日之下。按《改定新历诏》,有"天历永远流传,自辛开元年一直传去"之语,则其改历,殆在辛开称王之日欤?故宫文献馆藏《洪大全供状》,有"咸丰二年二月十六日,是我们的历书三月初一日的日子"一语,可知太平天国自辛开壬子年,确已颁用新历矣！又《改定新历书诏》称:"每年十月,献明年新历",则是书当刻于壬子二年,大不列颠博物院亦藏有癸好三年新历一本,其辛开及壬子二年新历,尚有待于发见也。

按太平天国所改新历,意在用西历;却仅取其大意,故不能尽与西历相符。东王造历时,无西历作蓝本欤？抑有意立异欤？每年三百六十六日,双月三十日(故二月亦三十日),单月三十一日,积之既久,节气自有不合,故己未九年改历诏又有每四十年一斡旋斡之年,每月二十八日,亦有可通(年差四分之三日,则四十年差三十日;斡旋斡年每月二十八日,正余三十日也)。吾国采用太阳历,此为第一次,若能汇其全历书而研究之,亦一有趣事件也。

三字经

书封面题:"太平天国癸好三年镌刻",共十八页。辞句与《文钞》页百七十二上所载德藏本全同。"鬼入心"《文钞》作"鬼人心",则排印之误也。

幼学诗

书封面题:"太平天国辛开元年新刻",共十四页。《文钞》页百六十九上所载德藏本:"有知与无知"句,此本作"有割与无割"。有割无割,疑是广西土语,则此本犹为与原本相近。

太平救世歌

书封面题:"太平天国癸好三年新刻",半叶十行,行二十四字,共十一叶。此歌开口称"本军师",用杨秀清名义颁行;秀清残灭之机,见于此歌矣!

综观以上所述,吾人所应注意者,有以下三点:(一)太平天国初起时之诏书谕旨,多援用儒家思想,又以耶稣教本非国人所崇拜,故多以"恢复中国,扫灭满清"宗旨为号召,故与三合会多相类似之点。后耶稣教义既渐入军心,遂将旧日诏书谕旨删改,俾与上帝会宗旨相符。(二)自辛开至癸好,三年之中,国势逐定,奠天京于金陵。一切军政大计,杨秀清之擘画为多,然其专横之势,亦于是时养成,故凡此种颁行诏书新刻旧刻有不同处,非属于第一点者,即有此点上之陈迹暗示于吾人。(三)德藏本比国家图书馆藏本剞劂在先,故历史上之价值最大;然无异本,吾人不易窥其精诣之所在。今之介绍太平天国文献者,应视异本与孤本有同一价值也。

民国二十四年二月二十四日,巴黎

记普鲁士国立图书馆所藏太平天国文献

  余乘暑假之便,八月间有柏林之游。三日下午六时到,十四晚十时半离开,在柏林恰为十日。所见古书,颇有足资记述者,惜人事仓忙,至今日方获执笔。在柏林时,承徐乐教授(Prof. H. Huller),西门博士(Prof. Dr. W. Simon),葛玛丽小姐(Dr. Annemarie Von Gabain)之导引参观,并予以阅书与摄影上之特别便利,故于记述之前,谨先致谢意!二十四年九月二十七日记于巴黎寓舍。

  普鲁士国立图书馆(Preussichen Staatsbibliotek)所藏太平天国颁行官书,俞大维先生留学德国,曾携回照片九种,张菊生先生据以校写,印入《太平天国诗文钞》第二版(《诗文钞》引用书目表称八种,余检书内所载,实为九种。)今余获见原书,实有十一种,且《诗文钞》所载,多有与原本不合处。谨将检阅所及,记于下方,于当世之治太平天国史者,或不无小补焉。

天父下凡诏书 Libr. Sin. 1145

  《太平天国诗文钞》页百四十五至百五十五,据张菊生先生校写本排印,并有张先生跋,记此本行款甚详。余于《记巴黎国家图书馆所藏太平天国文献》一文中(《大公报图书副刊》第八十三期),已详论其与巴黎本之异同。此本刊刻较早,今按书封面亦署:"太平天国壬子二年新刻",则巴黎本应刻于壬子二年以后可知也。此本或是原刻,其第五叶刻字较小,明是补版。东方语言学校藏本与国家图书馆藏本同,不知伦敦所藏为原本抑翻刻本? 如为原刻而无补版,仍有再据以重印之必要也。

天命诏旨书 Libr. Sin. 1143

行款叶数与巴黎国家图书馆藏本同,惟页六下"辛开七月十九日",巴黎本开作亥;页十四上"臣下有谈及后宫姓名位次者,斩不赦也",巴黎本名误作各,则非同一刻版可知。余前以书内所载天王诏旨至癸好三年,则书封面不应署"壬子二年新刻",今以原本观之,则实刻于壬子二年也。盖旨准颁行群书,书封面上所署某年新刻者,皆据其始颁之年;后有翻刻,虽有增删,亦署从其始颁之年也。故一书虽有数刻,而其所署之年月则一,始知余前说不足为训也。兹以此书而论,其颁行在壬子二年,其癸好三年之《天王诏旨》,则后来所增入也。何以言之? 此本或即原刻,换言之即刻于壬子二年也。其第五叶句读用点不用圈,与全书不一律,当系补版。又末一叶——即载癸好三年《天王诏旨》之一叶,字体稍瘦,且纸色墨色均较新,则为后刻增入无疑。此本补版后印,应在癸好三年;则壬子二年原刻,必无末一叶也。而后之翻刻者,署"壬子二年新刻",为署从始颁之年。

又辛开七月十九日在茶地所发诏令,余前因《诗文钞》页四所载,较巴黎本末尾少百九十八字,而推断此本应剉厥在后,盖为杨秀清所删。今观原本,实亦有此百九十八字,或为张菊生先生所删,则所推断适得其反。自"今行营"以下,所述为辛开七月以后事,为后来增入甚明。——其前百七十九字为第一次增入,后十九字为第二次增入,然则至是,已为第三次修正本矣。此盖据修正稿上版,于此可见太平军自辛开七月至壬子,一年间军事主帅权势之变化。

天条书 N S 609₅

书封面署"太平天国壬子二年新刻",半叶九行,行二十二字,与巴黎国家图书馆藏半叶十行,行二十三字者,非同一版刻。更考其内容,知此为近于原本也。按明末利玛窦之再开教于中国,译 God 为"天"或"上帝",以与古经史相比辅;迁就丧祭仪式,以与儒礼相融洽。利氏卒后,其徒即有非议之者,至康熙时而有礼仪之争,罗马教皇遂严禁之。今读此书叙言,与所载诸仪式,此初刻本多引经史中天与上帝之义,以明中国古已有之,颇似利玛窦时天主教士之所著书;后刻修正本,凡稍带偶像嗅味之语句,则大概删除矣。

余尝窃求其故,太平天国在癸好以前,何以宗崇儒家?癸好以后,何以顿明教义?盖非晦于前而明于后,实有军国大事之关系在焉。考太平军于辛开闰八月,攻破永安,至壬子二月永安失守洪大全被擒,为与三合会合作时期。壬子二月以后,至癸好二月陷金陵以前,三合会之大头目既死,为笼络与利用三合会时期。癸好二月以后,太平军根基已固,为肃清三合会分子时期。旨准颁行官书,原刊者在壬子,修改与翻刻,盖在癸好矣。三合会之主旨在复明,故以儒家之粹语为训诫,太平军在癸好以前,既与三合会合作,欲笼络之,利用之,故其诏旨条规,不能不容纳一部分之三合会宗旨,正如利玛窦之援儒以自固,不能不采一部儒家学说之与教义相近者,以便宣传也。此理由于下文《太平诏书》及《颁行诏书》下再阐发之。兹就此书,举例如下。此书叙论云:

"今有被魔鬼迷蒙心肠者,劝说君狂方拜得皇上帝。曷不观三代时,商汤始为诸侯,皇上帝是祗,周文为西伯,昭事皇上帝。他二人非是既为君狂,方拜上帝也。信如君狂方拜得皇上帝,难道商汤周文都拜得不是乎?果商汤周文拜得不是,缘何皇上帝看顾商汤,命商汤由侯而王,作式法于九围?皇上帝又看顾周文,命周文当身为西伯,三分天下有其二,至其子周武,遂得天下乎?又有妄说,拜皇上帝是从番。不知中国有鉴史可考,自盘古至三代,君民皆敬拜皇上帝,藉史三代时不是敬拜皇上帝,缘何《大学》有诗云:'殷之未丧师,克配皇上帝?'孟子又有'书曰,天降下民,作之君,作之师,惟克其相?'皇上帝,宠绥四方,虽有恶人斋戒沐浴,则可以祀皇上帝。《诗经》又有:'惟此文狂,小心翼翼,昭事皇上帝。聿怀多福,皇矣上帝,临下有赫!帝谓文狂,予怀明德,皇上帝临尔,无贰尔心。汤降不迟,正敬日跻,昭格迟迟,皇上帝是祗,帝命式于九围。'《书经》又有:'予畏皇上帝,不敢不正。皇上帝弗顺,祝降时丧。敢祗承皇上帝,以遏乱略。惟皇上帝不常,作善降之百祥,作不善降之百殃。'《易经》又有:'先代以作乐崇德,殷荐之皇上帝'乎?今据说是从番,难道周武敢祗承皇上帝,周文昭事皇上帝,商汤皇上帝是祗,颛顼敬事皇上帝,尽是从番乎?"(柏林本页一上)

则其引经据典,惟恐不致其详;而巴黎修正本仅淡淡三两行,则又惟恐于经史文句,删削之不尽。更录其文下:

"今有被魔鬼迷蒙心肠者,动说君长方拜得皇上帝;如谓君长方拜得皇上帝,且问家中父母,难道单是长子,方孝顺得父母乎?又有妄说,拜皇上帝是从番。不知上古之世,君民一体,皆敬拜皇上帝。"(页一下)

若余所推想者为不误,则太平军在既不须要笼络三合会以后,不论其如何造谣,自无辩驳与解释之必要。故凡与自己宗旨违反之处,得自由删削也。兹更举丧事奏章以为例。柏林本如下:

"丧事不可做南无大殓成服还山俱用牲醴茶饭祭告皇上帝其奏章曰

小子〇〇〇
小女〇〇〇 跪在地下祷告

天父天皇上帝今有小灵魂〇〇〇在某月某日某时去世今当大殓成服还山虔具牲醴茶饭敬奉

天父皇上帝恳求

天父皇上帝开恩准小灵魂〇〇〇得上天堂天堂得享

天父皇上帝大福又恳求

天父皇上帝看顾扶持
小女〇〇〇
小子〇〇〇 家中大小个个安康

百无禁忌怪魔遁藏万事胜意大吉大昌托救世主天兄耶稣赎罪功劳转求

天父皇上帝在天圣旨成行在地如在天焉俯准所求心诚所愿"(页八上)

是丧事仅不做佛事,而大殓成服等事,仍依儒礼行之。巴黎修正本,则将一切旧时坏规矩尽除矣!更录其奏章原文于下,以便作比较观。

"升天是头顶好事宜欢不宜哭一切旧时坏规矩尽除但用牲馔茶饭祭告皇上帝其奏章曰
小子〇〇〇
小女〇〇〇 跪在

67

地下祈祷

天父皇上帝今有灵魂〇〇〇在某月某日某时升天今
    虔具牲馔茶板敬奉

天父皇上帝恳求

天父皇上帝开恩准小灵魂〇〇〇得上天堂得享

天父皇上帝大福又恳求

天父皇上帝看顾扶持^{小子〇〇〇}家中大小个个安康_{小女〇〇〇}

    百无禁忌怪魔遁藏万事胜意大吉大昌托救世主
    天兄耶稣赎罪功劳转求

天父皇上帝在天圣旨成行在地如在天焉俯准所求心
诚所愿"(页五下)

太平诏书 Libr. Sin 1141

　　每半叶九行,行二十二字,共十九叶,与巴黎国家图
书馆藏本行款叶数均不同。余前考知此本剞劂在
先,巴黎本为修改重刻者,所据理由,为:"此本语句
与儒家为近,凡巴黎本所改削者,为渐合于耶稣教
义。"今既得其修改之意义,再就此书观之,益为明
显。总为三端,记之如次:

一、此本所引孔孟之说,《诗》《书》之语,修改本或删
削,或改称古语也。《原道醒世训》引《礼运》"孔丘
曰大道之行也"一节,共百三十四字,巴黎本删。又
引《易经》《同人卦》,亦删。《原道觉世训》引《中

68

庸》、《诗》、《书》语三句,并删,又引《孟子》、《诗经》,虽未删而改为"古语云"。他如《原道救世诏》:"贤否俱循《内则篇》",改为"贤否俱宜侍养虔"。"盍歌《麟趾》咏振振",改为"不犯天法得超升"。"《孝经》当明",改为"孝道当明"。"《蓼莪》诗可读",改为"孝顺条当守"。甚而经史二字,亦以"前代"二字易之。

二、此本所引古事,凡为儒家所常称道而不合于宗教者,修改本皆删去也。《救世诏》第一不正淫为首,巴黎本删"颜回好学不贰过,非礼四勿励精神"二句。第二不正忤父母,删"历山号泣天为动,鸟为耘只象为耕,尊为天子富四海,孝德感动天夫岂轻"四句。第三不正行杀害,删"是以先代不嗜杀,德合天心天眼开,宠绥四方惟克相,故能一统受天培。夏禹泣罪文献洛,天应人归无可猜"六句。第四不正为盗贼,删"君子临财无苟得,杨震昏夜尚难欺。管宁割席因歆顾,山谷孤踪志不移。夷齐让国甘饿死,首阳山下姓名垂"六句。第六不正为赌博,删"孔颜疏水箪瓢乐,知命安贫意气扬"二句。

三、此本由古道今,或以今溯古者,修改本不改为上帝,则改为天王自己也。《救世诏》:"自古君师无异任,只将正道觉斯民;自古善正无异德,只将正道淑其身",两"自古"巴黎本上句改为"天命",下句改为

69

"天生"。"古来善正修天爵,富贵浮云未足奇","古来"改为"天生"。"请观桀纣君天下,铁统江山为酒亡",改为"天父上帝最恶酒,切莫鬼迷惹灭亡"。《醒世诏》:"王者不却众庶,故能成其德",改为"上帝广生众生,故能大其德",此为改为上帝者。又《救世诏》:"过而能改方无过,古人所以诲谆谆",下句改为"余今所以诲谆谆",则为改为天王自己者。

由上三点观之,其修改之旨,完全明白,而太平天国政教之前后不同,亦全盘托出矣然则校勘学之有裨史事,有如此者!余尝谓:"今之介绍太平天国文献者,应视异本与孤本有同一价值,"不其然欤?此本已有《诗文钞》排印本,东方语言学校所藏本与此本正同,今亦有《太平天国史料》第一集排印本。然无巴黎国家图书馆藏修改本以相校则不能知此书所含意义之大,故修改本仍有影印之必要也。

太平礼制 Libr. Sin. 1139

书封面署:"太平天国辛开元年新刻",半叶八行,行二十二字。按太平天国颁行官书,除是书外,无署刊于辛开元年者。是书所载,关系一朝礼制,若谓颁于辛开元年,考之史实,不无可疑之点。按辛开闰八月,方攻下永安,洪秀全洪大全坐轿进城,并居衙门正屋,称为朝门(据洪大全供状)。是秀全大全,势均力敌,此礼制若果制于辛开元年,将置洪大全于何处？且洪秀全之称王，虽在是时，而其制造玉玺，呼称万岁，妻称娘娘，乃在攻长沙时（据李秀成供状）。是时距洪大全之死已半载。故疑此礼制之制定，不能上逾此时，盖此时已显露肃清三合会分子之端，故方制出此天王与东西南北翼五王一家之朝仪也。巴黎国家图书馆所藏，虽是修改后刻本，而署"壬子二年新刻"，当得其实。此所以署辛开元年者，盖欲示天下以一朝礼制，已肇于开国之初，别有作用存于其间也。

又余前据《诗文钞》叶十九下所载此书，以校巴黎本，知南北翼王世子，南北翼王女六条，巴黎本并不俱文，只云"皆与东西一式"，故减省二百余字。今获见原本，正亦不具文，与巴黎本同。张菊生先生既云据俞大维君所摄影片迻录，此画蛇添足之事，不敢必出张先生之手，然又不能不疑即出张先生手也。

太平军目 Libr. Sin. 1137

与巴黎国家图书馆藏本同。

太平条规 Libr. Sin. 113

行款叶数，均与巴黎国家图书馆藏本同。且巴黎图书馆所藏十四种中，惟此册纸白墨黑，书封面为红色（余均黄色），则不但同为一版刻，且为同时印行者。余前所举《诗文钞》叶百三十一之异文，均系排印之误。行营规矩第三条"令内外官兵，各回避道旁"，

《诗文钞》于两句中间,增入"如遇天王及各王时"一句,文字固较明显,然非原文之旧何!

颁行诏书 Libr. Sin. 1147

余前据《诗文钞》排印本,《救一切天生天养谕》:"戊申岁三月,上帝降凡主张;九月,天兄耶稣降凡拯救,今既三年矣。"巴黎本三作五年,因定巴黎本为刻于壬子二年,柏林本应在先。今按原书,实亦作"五年",三字为《诗文钞》排印之误。然则太平官书,似无有刊行于壬子以前者。此《颁行诏书》所载谕示三道,颇富种族思想,盖均作于与三合会合作时期。其第一通有:"况查尔们壮丁,多是三合会党,盍思洪门歃血,实为同心同力以灭清,未闻结义拜盟,而反北面于仇敌者!"当为作于洪大全死后,太平军笼络与利用三合会时期,余前立两说,前说似未谛,附正于此。

又此书《太平天国史料第一集》所印东方语言学校藏本,与巴黎图书馆藏本同。此本半叶九行,行二十二字,遇上帝天父字样抬出一格,行二十三字,共十二叶,为未经修改之原本,颇为重要。《诗文钞》排印多误,兹为校记于次:

原文　　　　　　　　　诗文钞排印本
女子民人者中国之子女民人非胡虏之子女民人也
　　　　　　　　民人并误作人民下同

妖气惨于五胡	胡误作湖
胡虏目为妖人者何	目字误移胡虏二字上
坐视其饿莩流离暴骨如莽	莽误为芥
种类日滋	日误作匀
野狐升据朝堂之上	狐误为妖
我中国不能犁其廷而除其穴	廷误为窟
其有能擒轶子咸丰来献者	有下脱能字
又或有能擒斩一切满洲胡人头目者	
	有上脱或字
今既五年矣	五误作三
今幸上帝大开天恩	幸误作奉

太平天国癸好三年新历 Libr. Sin. 1133.

　　与巴黎国家图书馆藏本同。唯版心较大,非同一刻本。

三字经 Libr. Sin. 1149

　　行款叶数均与巴黎国家图书馆藏本同。《诗文钞》叶百七十二排印,亦有误字。"复番生",番误为重;"信得救",得误为者;"依靠他",依误为作。

幼学诗 Libr. Sibr. 1151

　　行款格式亦与巴黎国家图书馆藏本同。《敬上帝》诗第三首:"有割与无割",《诗文钞》两割字并误作知。其他排误者,"万国尽尊崇",崇误为荣;"天恩虔答谢",虔误为难;"上帝赋通灵",通误为心。

总上所记,应注意者约有三端:(一)太平天国颁行官书似始刻于攻下长沙以后,故无刻于壬子以前者。(二)普鲁士国立图书馆所藏,多为壬子原刻本,保存太平军联络三合会之史料颇多,弥足珍贵。(三)壬子以后修改本,当与原刻本并重。此种书均系小册子,分量不重,国人再有介绍时,应影印,不宜排印。

记剑桥大学图书馆所藏太平天国文献

去年春,余获读翟理斯教授(Prof. Herbert A. Giles)所编"剑桥大学图书馆汉满文书目"(Catalogue of Chinese and Manchu Books in the Library of the University of Cambridge. by H. A. Giles 1898.),有下列两目:

> F. 35 – 71 Thirty four printed pamphlets of Various Sizes, issued by the Tai – ping Rebels between 1850 and 1864.

> F. 72 – 79 Old docnments in manuscript refering to the Tai – ping Rebellion.

因知该馆所藏太平天国文献甚富,限于一水之隔,每以不能检阅其内容为恨。然又念海外游学诸君子,近年颇知搜求史料;而萧一山先生居英久,且又最注意于此,意或已转原书为照片,负载以东归矣。今年十一二月间,我国艺术展览会既开幕于伦敦,乃乘圣诞节假期之便,前往参观,又探知剑大图书馆于三十、三十一两日开馆,遂决计转赴一游,以检阅数月以来所怀念于心者之太平文献。十二月二十九日下午,余遂从伦敦赴剑桥。

先是,余曾于《图书副刊》读萧一山先生《太平天国丛书第一集》序,知其所得新史料,实倍蓰于程演生先生,且杀青有日,为之狂喜,萧先生继又汇辑其他文件,为《太平天国诏谕》第一辑,阅报又知已在北平研究院付印,益叹其嘉惠于国内学人者之深也。是日余既登车,出伦敦城,俯瞰原野,顾而乐之。因默念翟理斯氏书目之 F. 35 - 71,似与萧先生之前书相合;F. 72 - 79 或与后辑相应。若获携此二书俾作参考,必非常方便,且可省许多时间,而行箧中均无之,则又怅然若有所阙。

翌日早十时半,友人初大告先生,导引至图书馆,取书展阅。触手数卷,不但为萧先生丛书所未收,且为"旨准颁行书目"所不载,大喜过望。如入琅环胜境,且阅且记,至下午二时半,遂尽此三十七种(F. 35 - 71 内有重复,故目仅称三十四种)。乃更取 F. 71 - 79 所著录等件阅之,如洪大全李秀成文状,干王檄文,大明甲寅岁告示,致英国水师函件等等,盖均天壤间孤档秘文,不忍舍去。然时已报三钟,遂出馆,冀明日续阅。孰知该馆规例,三十一日总办结束,仅许还书,不再出借,而一月一日又为年假,遂不得不待之他日,乃迳赴车站,赶回伦敦。此匆匆一瞥,虽未能尽兴,然所得为已多矣。

兹先将剑桥所藏太平文献,为前人所未见之十一种,略为介绍如下:

76

开国精忠军师干王洪　宝制（F.62）

按：此干王洪仁玕宝制第一集也。后此之《资政新编》、《军次实录》等制，命名虽不同，其意则相仿佛。是集共十四叶，录檄文一篇，《克敌诱惑论》一篇，余皆短制，为论兵事与论宗教者檄文纯系政论，盖拟用此体，以便张之通衢者。剑大图书馆并藏原印本两大张（两份），即从通衢揭下者。其论兵事一段又见《资政新编》卷后。兹录叙文一节，以见此书著作与颁行之经过：

"谊谕京都内外大小官员兵士人等，一体知悉照得开新朝必须颁新政，从前之妖习俱除；奉天命而合天心，此日之鸿规复整。本军师荷蒙天父天兄，大开天恩，真圣主大开圣恩，畀以重任，未遑宁处，诚恐无以仰副圣心。故将数年来欲白愚衷，拟作檄文，恭献圣览。迺蒙我主降照，胞作谊谕颁行可也，钦此，等因，今已遵旨缮成，颁行天下，咸使闻知。"

资政新编（F.64）

书封面署"资政新编"四大字，右小字一行为："钦命文衡正总裁开朝精忠军师干王洪制"，左四小字为"旨准颁行"。是书前为总论，后分三章，详陈军政外交等大计。顶有圣批，盖出天王洪秀全手，谓某条是，某条非，似预备施行者。其所陈世界大势，至为明白，在当时可谓通洋务者，如请开报馆，设邮政，立银行,制造轮船,以及外交等方策,谓某国当联络,某国可借重,均为立国要计。若能一一实行国基不难坚固,国祚未尝不可中兴也。盖仁玕曾游北美日本,居香港,又与外籍诸教士游,故能洞达时务。其赴南京也,诸教士赠以书籍数种,又望远镜寒暑表指南针之属,意在助其抵天京后,能刷新政治,改革宗教也。故仁玕既得天王信用,遂著此书,其伟韬鸿猷,俱于此书见之。总论中有云:"缘小弟自粤来京,不避艰险,非图爵禄之荣,实欲备陈方策,以广圣闻,以报圣主知遇之恩也。"又云:"昔周武王有弟名旦,作《周礼》,以肇八百之基。"是仁玕以姬旦自命,而是书盖自拟于《周礼》也。

总论又云:"盖用人不当,适足以坏法;设法不当,适足以害人。于斯二者,并行不悖,必于立法之中,得乎权济,试推其要,约有三焉:一以风风之,一以法法之,一以刑刑之,三者之外,又在奉行者亲身以倡之,真心以践之,则上风下草,上行下效矣。"此数言为全书主旨,亦即全书纲领。

钦定英杰归真(F.40)

按此书颁行于太平天国十一年,国人近于扬州发见一部,归国立中央图书馆筹备处保存,萧一山先生借以印入《太平天国丛书》第一集。陈乃乾先生又得转录本,现在《人文杂志》第六卷第四期,逐期刊布。国人已得读其书,故不多为介绍,然闻该两书同出一抄本、而此为原刻,则犹有足珍者。

钦定军次实录(F.45)

天父天兄天王太平天国辛酉年新镌,序文三叶,本文卅三叶,共卅六叶。为太平天国十一年,干王洪仁玕奉旨到徽浙两省催兵,途次所作诗文谕旨等件,刘闼忠等汇抄成册,奉命印行者也。兹节录序文如下:

"小官等荷蒙天恩主恩,得随我干王左右,故凡其意之所及,笔之所书,无不诚心佩服,奉为仪型。前所著之《资政新编》、《英杰归真》,一切宝制诸书,固已刊刷颁行,足登斯世于觉岸,不致于陷于沈沦矣。兹因辛酉春正,恭随干王,奉旨催兵,路经徽浙,所过郡县乡镇,多有妖习未除,妖形未化,我干王不禁触目惊心,思急有以挽救之。每于军次行府,信笔挥写,或恭录圣旨,以化醒愚蒙;或为之诗,以启发志意;或为之谕,以剀切指明,或为之论说,以严辨是非得失,文浅意深,语近指远。故已沿途悬谕,且悉抄入册中今因奏凯回朝,恭呈宝鉴,荷蒙我干王宝谕,命作序文,以志巅末。时天父天兄天王太平天国辛酉十一年八月初十日。"

　　　干殿吏部左编修(小官)　　　汪吉人
　　　干殿礼部尚书海天燕(小官)　　汪兰垣

天试文状元干殿
文正总提昱天安　　　刘闳忠　　等敬序

干殿文副总提澹天福(小官)　吴文彬

干殿刑部尚书谳天燕(小官)　何春发

干殿刑部左编修(小官)　　郭雨亭

是集不但保存仁玕诗词若干首,为近人辑太平天国诗文者所不及知,其《禁拜坭木偶像》,《论妖�耗中国财》,《论史》,《谊谕读书士子》,《谕天下读书士子》,《葬墓说》,《论人悔改得救》,《论创世真经》,《辟邪崇正论》等作,尤为代表仁玕政治思想与宗教思想之重要材料。又不列颠博物院藏"精忠军师顶天扶朝纲干王洪仁玕顶天扶朝纲幼赞王蒙得恩及殿前忠诚贰天将李明成删浮文宣谕"一件,载于此书卷尾,可知此谕实出仁玕之手,而彼盖会衔张贴之原件也。盖当时大手笔,莫不为仁玕所主。凡此群制,实为研究太平天国末期重要史料。

又洪秀全早年所作诗词,近人颇多发见。如简又文先生《太平天国文学之鳞爪》一文(《太平天国杂记》页二〇七),从张蔼如牧师处抄得天主遗诗七律一首,谢兴尧先生《关于太平天国本身文件的讨论与洪秀全诗一文》(《人间世》第二十期)。从韩山文(Theodore Hamberg)所著 The Vissions of Hung - Siu - tsuen and Origin of the Kwansi Insurrection 一书中辑出秀全诗十一首,而张牧师所保存七律一首亦在焉。今韩氏书有简又文译本,一印入《太平天国杂记》,再又有燕大图书馆单行本,于是秀全十一诗,人人得而诵读。韩书本于仁玕《太平天日》原稿(说详后),则此十一诗盖均传自洪仁玕;今仁玕此集,载天王诗五首,又为仁玕后来所重写者。末有自识云:"本军师自幼追随真圣主,深知其为真命天子,故于军次偶暇,恭录所吟,以公众证。庶使军民无摇惑,而我中土花民,知所倚恃也。"持此五诗与韩书所载相校,字句不尽相同,盖韩书所载为仁玕早年传本,每经传写一次,便经一次修改,故此诗即果出天王之手,至是亦不啻仁玕代断矣。如剑诗第七句,韩本作"虎啸龙吟光世界",简抄张牧师藏本作"直捣黄龙须尽醉",此本则作"天父天兄带作主"。其他不同之处,一望而知为仁玕所改,于是天王诗字句不同之故,在此得有一解决。然欲求原诗真面目,仍应以韩书为据也。

此集载干王诗颇多,兹摘录一首于下,因不啻仁玕一篇史诗的自传也。

"本军师生长儒门,原非素习征战,唯仰体天帝有好生之德,真圣主有胞与之仁,故不惮星霜,爰有止戈之意。无如杀风既炽,急难弭之。乃吟此以寄吾慨怀,以起贤者之隐念也。

鞑秽腥闻北斗昏,谁新天地载乾坤?丈夫不下英雄泪,壮士无忘漂母殣。志顶江山心欲奋,胸罗宇宙气潜吞,吊民代罪归来日,草木咸歌雨露恩。"

诛妖檄文(F.59)

书封面署"诛妖檄文旨准颁行"八大字,右小字一行,署:"钦命文衡正总裁开朝精忠又副军师顶天扶朝纲干王洪制",上署"天父天兄天王太平天国辛酉十一年镌"。全书载檄文两通:第一通为值清帝咸丰之卒,拟出师北伐,檄文内有一节云:"值兹咸丰妖首,于七月十有六日,已经丧亡,所立妖崽,今尚未满五岁,行见权奸得志,祸变寻生,余烬虽存,不久自灰灭矣。大丈夫原不欺寡妇孤儿,本军师岂肯幸灾乐祸?但中年妖折,即是天命既讫之征。"第二通为劝谕清兵弃暗投明,共出迷途,以保永福者。

大平天日(F.63)

共三十六叶,书封面中署"大平天日"四大字,左右小字三行题"此书诏明于戊申年冬,今于天父天兄天王太平天国壬戌十二年,钦遵旨准,刷印铜版颁行。"按此书专纪洪秀全早年事,所谓"此书诏明于戊申年冬"者,盖谓于一八四八年撰定,故书中纪事,亦止于一八四八年秀全与冯云山毁甘王庙事。后此六年——一八五四年,香港巴色会教士韩山文,(Theodore Hamberg)撰《洪秀全之异梦及广西乱事之始原》

一书(The Vissions of Hung - Siu - tsuen and Origin of toe Kwang - Si insu rrection),即全本于此书初稿,其第八章以下,则韩氏别据仁玕口述,及自己搜得之新材料所续者也。又后八年——一八六二年,此书旨准颁行,仁玕又手自删润,凡官衔之窜入,诗句之改订,或事有溢美,并当为是时所窜入者,韩书已有简又文先生译本。而余又发见仁玕此书,持以对读,所谓相得益彰者是也。如此书谓秀全年三十一癸荣六月(一八四三),读《劝世良言》,韩书则谓在五月,盖仁玕原稿从阴历,故韩书作五月,此改从阳历,故作六月也。又如纪洪冯出外传教一节云:

"年三十二,岁在甲辰,二月十五日,王同南王冯云山冯瑞嵩冯瑞珍,出游天下,将此情教导世人。始由广东省城,继由顺德,复旋回,转游南海番禺增城从化清远英德函江阳珊连珊等处。"

韩书第六节所记此事,固较此为详尽,然据此可知洪冯离乡为二月十五日,所偕两友,为冯瑞嵩冯瑞珍,所到州县,有顺德南海番禺等十处,并可补韩书之不足。

又韩书谓秀全二字为别号,此书述秀全命名之意义云:"天父上主皇上帝,十分欢喜,乃封主为太平天王大道君王全。天父上主皇上帝命王曰:尔名为全矣!尔从前凡间名,头一字犯朕本名,当除去。尔下去凡间时,或称洪秀时,或称洪全时,或称洪秀全。尔细弟之名,与尔名有意义焉。"则盖仁玕固为神秘其说,俾以眩惑国人,此为颁行时所增溢,原稿恐非如此,韩书不载,亦其反证也。

又诗词字句不同之故,余已于《资政新编》下发其例。然如毁《甘王庙题壁诗》:"害累人民烧定烧",韩书烧作火,而《资政新编》载《梦日吟诗》:"那般燃烧敢争光",韩书烧亦作火。按韩书第二节,称秀全原名为 Brilliant fire,则"火"字盖为秀全本名。更绎此书:"天父上主皇上帝命主曰,尔从前凡间名头一字犯朕本名,当除去。"盖因 Iehcvan 汉译或作耶火华,然则秀全原名第一字为"火"字,大约可信。兹先发疑于此,以待将来证明。

　　此书载秀全甘王庙诗后,又载南王冯云山题诗一首,不但为韩书所无,诸家亦无有知者,录之如下:

　　奉天讨伐此甘妖,　　　　恶孽昭彰罪莫逃。
　　迫我弟妹诚敬拜,　　　　诱吾弟妹乐歌谣。
　　生身父母谁人打,　　　　敝首邪尸自我抛。
　　该处人民如害怕,　　　　请从土壁读天条。

天父天兄天王太平天国己未九年会试题(F.46)

　　署"钦命文衡正总裁精忠军师干王宝制"。题为"天父上帝圣旨:三星共照日出天,禾王作主救人善,尔们认得禾救饥,乃念日头好上天"。次题干王宝制文。篇末有自注云："本军师自幼习举子业，近已此调不弹。兹恭奉圣命，总典秋闱，揭题后因窥见天父圣旨，至深至奥，思欲逐一发明，爰搦觚毫，一挥而就，见猎心喜，为之粲然！"按太平天国会试卷均会汇印，旨准颁行，如《建天京于金陵论》，《贬妖穴为罪隶论》等是也。己未九年会试卷未见传本，殆以既颁行干王宝制文，遂未汇刻诸试卷欤？抑已照例颁行，今尚未发见欤？

天理要论(F.69)

太平天国甲寅四年新刻。共二十五叶。按去年余撰"记巴黎国家图书馆所藏太平天国文献"一文，有云："太平天国旨准颁行诏书总目内，尚有《天理要论》、《钦定制度则例汇编》两书，未发见传本。余查《国家图书馆》藏有《天理要论》一部，分二十四章，九十六叶，二号铅字排印，题尚德者纂，不知出于谁氏，阅其内容，与太平天国无关，知非颁行之本，盖书名偶同也。又是书与嘉庆间伦敦传教会所编纂刊印诸书，同在一目上，盖亦刊印于嘉庆末年，在洪秀全之先。然吾人因此可推知，凡太平军中颁行天主教义重要书籍，必均有所本也。"(《图书副刊》第三十八期)今兹获见颁行之本，正为该书节本，则余所谓"书名偶同"者非是，而"太平军中颁行天主教义重要书籍，必均有所本"之言，为验矣！持以相较，此书共八章，即截取尚德者原书之前八章,盖嫌原书繁重,不便宣传。其字句亦稍有窜易,如第一章第一节:"且有天地之间,先有上帝,为极大权能,造化万物,管理万灵者也",尚德者原书,前两句作"且天地之内,必有上帝",第五句"万灵"作"万人"。兹列其八章节目如下:

有上帝第一章

独有一上帝第二章

论上帝名第三章

上帝乃灵第四章

上帝永在第五章

上帝无变第六章

上帝无不在第七章

上帝无所不能第八章

又按 H. Cordier 所著之 Bibliotheca Sinica 一四三八页,著录麦氏《三字经》刻本数十种,称麦氏(Mr. Medhurst)别署为尚德者,则此书原撰人,即为麦氏矣。

太平礼制(F.70)

太平天国戊午八年新刻。按太平天国曾于辛开元年或壬子二年颁行《太平礼制》一书,以天王洪秀全及杨秀清等东西南北翼五王为主。此书则为戊午八年重颁之续编,故以幼主及诸王嗣君为主。卷首题"天

王诏令"四字,下以次述幼主诸世子诸嗣君礼制。兹录幼主一条以见例:

"王世子臣下称呼幼主万岁。幼主妻呼称幼娘娘,其妻亲称幼主亲。"

太平天国甲寅四年新历(F.61)

太平天国戊午八年新历(F.47)

按太平天国癸好三年,辛酉十一年两历,伦敦巴黎柏林均有之。萧一山先生且已据不列颠博物院藏本印入《太平天国丛书》第一集。今于此两历以外,又获甲寅四年,戊午八年两历,为前此所未见。近谢兴尧先生撰《太平天国历法考》一文,至为详确,惜行箧中未携有其书不能一校为怅。

上书十一种:前七种均为干王洪仁玕所作,其所关于太平天国后期史事者,至巨且要。后四种颁行或在先,然为萧一山先生所未得,适可补其所阙。故此十一种,在今日依吾人所知,尚无第二传本(仅《英杰归真》一种,国内新发见抄本)。但限于时间,走马看花,不能详尽。又余于此道,方开始研究,学识尚不充足,则此介绍亦不能撷其要点。因亟为影摄,寄国内印行。若印刷上无阻碍,此十一种书,不久即可与国内嗜研太平天国史事诸君子见面矣。

兹更将所见有传本之 十六种,举其书名及著录号码如下:

天父上帝言题皇诏　二部 F.37,41

甲本署"太平天国癸好三年新刻",乙本署"甲寅四年新刻"。巴黎国家图书馆藏本与甲本同。萧一山先生《太平天国丛书》第一集,已据不列颠博物院藏本影印。

太平军目　二部 F.36,56

两本同署"大平天国壬子二年新刻"。共三十四叶。巴黎柏林两国家图书馆藏本并同。萧氏《丛书》已据英院藏本影印。

太平条规 F.57

署"太平天国壬子二年新刻",共五叶。与巴黎柏林两国家图书馆藏本并同,萧氏已据英院本影印。

天父下凡诏书 F.52

署"太平天国壬子二年新刻"。共十六叶。朱封面,版心较大,天王不称朕而自称秀全,与柏林国家图书馆藏本同。巴黎国家图书馆、东方语言学校所藏,并为修订本。柏林本今有《太平天国诗文钞》排印本(页一四五)。东方语言学校藏本今有程演生先生《太平天国史料第一辑》影印本。

天命诏旨书 F.55

署"太平天国壬子二年新刻"。共十四叶。巴黎国家图书馆、东方语言学校各藏一本,并同。东校本程氏已影入《史料》,柏林本较古,已印入《文钞》页四。伦敦藏两本予未见。

天条书 F.51

署"太平天国壬子二年新刻"。共九叶。与巴黎国家图书馆藏本同。柏林本较旧,今有《文钞》排印本(页一二五)。萧氏据英院本影印。

太平诏书 F.53

署"太平天国壬子二年新刻"。共十九叶。《原道救世歌》,标题歌不作诏,与柏林国家图书馆藏本同。今有《文钞》排印本(页七七)。巴黎国家图书馆、东方语言学校藏本,并经删订,仅十四叶,今有程氏《史料》排印本,萧一山谓英院藏本与东校本不同,又为影印疑或与柏林本同。

太平礼制 F.50

署"太平天国壬子二年新刻"。共七叶。与巴黎国家图书馆藏本同。柏林本较古,今已印入《文钞》页十九。萧氏又据英院本影入丛书。

颁行诏书 F.49

署"太平天国壬子二年新刻"。共十叶。与巴黎国家图书馆、东方语言学校藏本同。今有程氏《史料》影印本。柏林本较古。英院藏三本。

三字经 F.38

署"太平天国癸好三年镌刻"。共十八叶。德法藏本并同。德藏本今已印入《文钞》页一七二。又英院藏两本。

幼学诗 F.67

署"太平天国辛开元年新刻"。共十四叶,德法藏本
并同。德本已印入《文钞》页一六九。英院藏两本,
萧氏影其一入《丛书》。

太平救世诰　二本 F.48,54

甲本署"太平天国癸好三年新刻",共十一叶。乙本
所署年月同,版刻亦同,惟书名署作"太平救世歌"。
依太平天国渐渐尊大之习惯,则作"诰"者当在后也。
巴黎伦敦藏本均作歌,萧氏已据英院本影印。

建天京于金陵论 F.42

署"太平天国癸好三年新镌"。共二十九叶。英院藏
一本。程演生已据东校本排印。

贬妖穴为罪隶论 F.65

署"太平天国癸好三年新镌",共十八叶。卷末叶后
半面有朱戳四字:"己未遵改"。英院藏一本。程演
生已据东校本排印。

诏书盖玺颁行论 F.58

署"太平天国癸好三年新刻"。共十五叶。萧一山已
据英院藏本影印。

天情道理书 F.68

署"太平天国甲寅四年新刻"。共五十一叶。萧氏据
英院本影印。

御制千字诏　二部 F.35,71

两本并署"太平天国甲寅四年新刻"。然字体不同，则非同一版刻。乙本卷末叶有朱戳四字："戊午遵改"。萧氏《丛书》据英院藏本影印。

天父诗 F.44

署"太平天国丁巳七年新刻"。共百首，六十八叶。萧一山已据英院本影印。

醒世文 F.43

署"太平天国戊午八年新刻。"共八叶。萧一山据英院本影印。

幼主诏书 F.66

共五叶，不署刊刻年月。萧一山已据英院藏本影印。

太平天国癸好三年新历 F.60

太平天国辛酉拾壹年新历 F.39

英德法并藏三年新历，伦敦较多拾壹年新历。萧一山已据英院藏两本影印。

上书二十二种，共二十六部。程演生、俞大维、萧一山先生及余，曾于东方语言学校、普鲁士国家图书馆不列颠博物院、法国国家图书馆发见，或已排印，或经影摄，谨就所知，附注各书之下，以便寻觅（不列颠博物院藏本余尚未见，依萧一山先生《太平天国丛书序》为言）。又吾友向达先生在牛津大学汉文图书馆（The Chinese Room of Bodlsian Library），岳良木先生在纽约市立图书馆（The

New Yorls Public Library），又各发见十余种，将来拟列一总表以飨读者。

　　在剑桥一切阅书事件均蒙初大吉先生导引，摄影手术，又为初先生代办，劳累实多。戴密微（P. Demieville）、摩尔（A. C. Moule）两教授，为余介绍摄影，嘉惠匪浅，均此志谢。又余于太平天国历史，素无研究，出国后方稍从事，而书籍极感缺乏。篇中所引用杂志上诸家论文，皆刘修业女士所搜辑，更此志感。民国二十五年一月二十四日，草讫于巴黎寓舍，是日适为旧历之元旦日。

附　太平天国官书补编叙录

　　海外收藏太平天国文献之图书馆,据今日所知,其重要者,约有六处:曰巴黎东方语言学校,曰大英博物院,曰普鲁士国立图书馆,曰巴黎国家图书馆,曰剑桥大学图书馆,曰牛津大学图书馆。约而言之,以柏林所藏为最精,剑桥所藏为最富。近十余年来,东方学子,争研太平天国史事,欧洲所藏,次第发现。日人内籐虎次郎博士,实首倡言大英博物院所藏之秘。嗣后程演生先生携回东方语言学校所藏,北京大学印为《太平天国史料》第一集。俞大维先生携回普鲁士国立图书馆所藏,罗鸿涛先生据以编入《太平天国诗文钞》。萧一山先生携回大英博物院所藏,国立编译馆汇辑为《太平天国丛书》。自是太平天国颁行官书,盖十得六七矣。然剑桥所藏,尚未为国人所注意。民国二十四年春,余读翟理斯氏所编《剑桥大学图书馆汉满文书目》(Catalogue of Chinese and Manchu books in the Library of the University of Cambridge, by H. A. Giles. 1898.),始惊其所藏太平文献之富,则又怅然不能即往检阅也。十二月二十四日,赴伦敦参观我国艺术展览会,因得于二十九日赴剑桥,获读太平天国颁行官书三十七部,除覆重,都三十三种,其他抄本文件不与焉。以校柏林巴黎伦敦所藏,得多十一种。国内又已发见《英杰归真》一种,实得十书,均以前所不知也。因拟继程萧二先生之后,汇此十书,为"太平天国官书补编"。

余于学问,非所素知,不欲多言。且旅居海外,日鲜暇晷,此十书者,又不欲其久秘,颇思畀与专精此道者,校理而印行之。适简子又文,创办《逸经》文史半月刊,多载有关太平天国史事文字,因抄《太平天日》一种邮示,简子见而善之,来书请为印行,余大喜过望。盖简子专精太平史学,研索表彰,不遗余力,则此十书者为遭明遇,而在余亦为得所托矣;因更请示于北平图书馆,其议遂定。

书既付印,校理之役,序跋之言,有简子任之,余可无言,因略述获书经过,而次其目于下方。

一、天理要论　八章　二十五叶

太平天国四年刻本,不著撰人姓氏。按巴黎国家图书馆藏《天理要论》一册(Courant 7489.),二十四章,洋纸铅印,题"尚德者纂",持与相校,前八章尽相合,间或更易数字,无关鸿指,则为节自尚德者原书无疑也。又按 Cordier 所撰 Bibliotheca Sinica 一四三八叶,著录麦氏《三字经》刻本若干种,称麦氏于《三字经》及其他著述中,别署为尚德者,则尚德者即麦氏矣(Walter Harry Medhurst, 1793—1857)。溯新教之来布我邦也,英人玛礼孙(Robert Morrison)实首其事,初不得逞,与其友米内氏(Milne)创英华学校于麻六甲,华人梁亚发最先领洗为信徒,亚发著《劝世良言》,洪秀全读之以入道,因建太平天国。建国之初,即颁行玛礼孙、米内二氏所译《新旧遗诏圣书》节本。麦氏东来,同为伦敦传教会所派遣,一八二二年至巴达维亚(Batava),一八二八年印行所撰《三字经》,一八四三年至上海,一八五四年,即太平天国四年,太平天国颁行氏所著《天理要论》为官书。方一八五三年香港总督濮亨氏(Sir George Ban ham)之往访天京也,初不知其宗教为受玛礼孙所影响,濮亨以所得太平官书十二种,交麦氏审查,麦氏谓为多合教理,而其宗教思想,固曾有得自麦氏者,则为氏所不及知也。吾人今为综合研究,弥增趣感,因附麦氏原书于后,并观览焉。

二、太平天国甲寅四月新历　　二十六叶
三、太平天国戊午八年新历　　二十六叶
四、太平礼制　　八叶

按《太平礼制》,盖颁行于辛亥元年,其壬子二年刻本,萧一山先生已编入《太平天国丛书》。此为续编,刻于戊午八年,距初次颁行已六七年,朝纲既有变迁,礼制因有损益,对读两书,可尽知也。犹有进者,卷中称秀全第三子为光王,第四子为明王,五子以下未有名号,盖因尚未降生,然则太平八年,秀全已有四子矣。按《朝天朝主图》有"爷哥朕幼光明东","光明东西八数龛"等句,据此可得其解。又秀全诏:"朕诏天佑子侄",幼主诏:"朕诏佑弟",则佑为光明二王中一王之名,又从可知矣。光明二王年幼,《朝天朝主图》中缺其位,故诗有:"共成四七二十八,光明加上三十增"也。世子以下,即接第三子,秀全次子,殆早夭欤。

五、天父天兄天王太平天国己未九年会试题
    钦命文衡正总裁精忠军师干王宝制　　二叶

六、资政新编

七、开国精忠军师干王洪宝制　　十四叶

八、钦定军次实录　　序三叶,本文三十叶,附录三叶

九、诛妖檄文　　共二篇,第一篇六叶,第二篇七叶

十、大平天日　　三十六叶,缺第二叶

    书封面署:"此书诏明于戊申年冬,今于天父天兄天王太平天国壬戌十二年,钦遵旨准,刷印铜板颁行",而不著撰人姓氏,以韩山文《太平天国起义记》照之,盖即洪仁玕所撰也。"此书诏明于戊申年冬"者,谓为道光戊申(一八四八)冬撰稿,故书中纪事,即止于是年秀全与冯云山毁甘王庙事。后此六年(一八五

96

四),仁玕客韩山文许,为重述之,韩氏据以著为《起义记》。又后八年(一八六二),即太平天国壬戌十二年,钦遵旨准,印刷颁行。盖颁行时仁玕又手自改订,如官衔之窜新,诗句之删润,事或溢美,语有夸大,并当出于是时。又于赐谷村黄氏昆仲,仍以"表兄"呼之,则或一时未及删正,然以此益能证知为仁玕所撰也。今持与韩书简子译本对读,有相得而益彰者。如 Water Lily 简子译为莲花村,实原作莲花塘。Temples of six Corern 简子译为六洞庙,实原作六寨庙。Valleyhome,Mai - Tszu - Sin 简子并不得其译,实则一为赐谷村,一为梅子汛也。窃念古者四夷有作,译用华名,岁月变迁,厥义沈晦,中朝纪述,每从音读。法国伯希和先生,既达斯指,辄为回译。然韩氏撰用欧洲文字,复杂以岭南方言,如不获原书,终不能明也。惜此本缺第二叶,现尚未见第二传本,不能补全。所缺似为记述秀全祖世一段,则又赖有韩书可补也。

比次既竟,犹有不能已于言者:为此书任摄影之役者,吾友初大告先生也。为余介绍于剑桥大学图书馆者,穆尔教授(prof. A. C. Moule)也。为余介绍穆尔教授者,巴黎东方语言学校戴密微先生(prof. P. Demiéville)也,谨向三先生致谢。监视摄影事綦繁重,此书之获印行,初先生之惠助尤多;望读是书者,勿忘初先生！

二十六年十二月六日记于巴黎旅舍

罗马访书记

　　余性鲁钝,未尝多所学问,来欧洲后,见巴黎国家图书馆藏天主教士译述之书甚多,心窃喜之,然未敢问津也。时袁守和先生在欧洲,侍教之次,辄稍述私愿先生曰:"谈何容易,目不识拉丁葡意等国文字,足不及荷西意大利等国,未易言也!"然先生固稍嘉余志。返国后,将过罗马时手钞华谛冈教皇图书馆书目十余叶见示,且曰:"欲稍致力于此,罗马不可不游也。"嗣陈援庵先生寄赠参考书数种,乃于近二年中,抽阅巴黎所藏殆遍,稍能辨其价值。今年九月二十六日由威尼斯抵罗马,素愿得偿焉,

　　二十七日谒德礼贤神父(P. Pasquale d'Elia),求得华谛冈图书馆(Bibliotheque Vaticane)介绍信。并探知十月一日方开馆,乃于次日赴那波利,游邦贝古城。二十日再来罗马。十月一日办阅书手绪,二日开始阅览。十一日又往谒华嘉教授(Prof. Giovanni Vacca),知国立图书馆(Bilioteca Nazionale Centrale Vit ario Emanuele Ⅱ.)亦藏有天主教华文书;因得华先生介绍函,自十二日以后,下

午则又在国立图书馆阅书。日尽数百册,辄簿而录之。罕传者手抄,珍贵者摄影。处名城之中,而踽蹰一室之内,然无异置身琅嬛,阅异书以游目,辑坠简而骋怀,积年勤苦之余,得此甚乐也。十五日上午十二时,阅尽华谛冈华文书籍,乃晋谒教皇。十六日下午,又阅尽国立图书馆所藏。次日游览古城一日,当晚离罗马,北游佛罗伦斯。

华谛冈图书馆所藏华文书分储于写本印本两处,而备载于一九二二年伯希和先生所编总目(Inventaire Sornmaire des Manusurits et imprimies Chinois de la Bibliotheque Vaticane),内分若干书藏,其重要者有下列五个:

1. Barb rini Orient(Barb. or. n. 131—158)

2. Bargiano. Cinese(Borg. cin. n. 1—533)

3. Vaticano. Estremo Orient (Vat. Estr. or. n. 1—34)

4. Raccalta prima (Racc. Ⅲ. n. 331—339) Ⅳ. 2214—2217

5. Raccalta generale oriente(Race. gen. or. n. 13—106) Ⅰ. n. 42—54; Ⅱ. n. 162—194 Ⅲ. n. 176—292; Ⅴ. n. 442—446; Ⅵ. n. 99—100

共著录号码八百余,每一号码少者包括书籍一种,多者数种至二三十种不等,全目约有书几可三千种。

国立图书馆所藏华文书,贮于大书库内者,尚未编目。第一库全为中国书;第二库半为日文书,或日刻华文书,分藏于若干大书橱内。其标识号数颇简略,如天主教书共有一大书橱半,均统于 C 字母下。盖谓 Chrétien。另一部分正在整理,写有目录卡片,则别储于阅览室旁之两小书库内。

华谛冈所藏华文书,几三千部,而伯希和先生编书目,仅用二十四日(一九二二年六月十三日至七月六日),且参考已属详尽,若非学问淹博,精力过人,何克臻此!余身体素弱,又海外傭书,每日六小时正式工作,已感罢倦,而又嗜书成癖,暇则无时不在考索中,亦无时不在病态中,无余力以顾其他,至今未能创通一种文字,何论拉丁等语,瞻望前途,以为有负吾师所期望者多多矣!然远者不可期,近者不应放过,现在非华文文件不能访,而不知者则不敢言!兹就此行所见所闻,择要胪举数种;其余俟于拙作"明清之间天主教士译述书录"详焉。

《西字奇迹》一卷 利玛窦撰。今藏华谛冈图书馆,著录号码为 Race. gen. or. Ⅲ. 231.12。原刻本,共七叶,上书口刻书名,下记叶数。按明万历三十三年,利氏获宝像三座(盖 Vos 名画,初传至东方者)。撰文说明其故事,并以罗马字母注音。于时与程大约相见京师,为文赠之,亦为注首,程氏并为刻入《墨苑》中。此《西字奇迹》,即宝像三座之说明也。持与《墨苑》相较,书迹刻迹全同。先是余在巴黎国家图书馆,获读钱德明(Jean – Joseph – Marie Amiot）所藏《墨苑》（Couraut 1134—1137），图存而说明缺，因考得绘图者 Martin de Vos（1531—1603）与刻者 Antonius Wierix 之事迹。Vos 以善画耶稣圣迹，Wierix 以善刻，并闻于世，可称双绝。亟欲求其原刻，今又获见此书，弥觉珍贵。民国十六年，陈援庵先生曾用王氏鸣晦庐藏《墨苑》，抽印为《明季欧化美术及罗马字注音》一书。余若获睹 Wierix 原刻本，愿再为专文以纪之。

《大西利西泰先生行迹》一卷　艾儒略选，今藏华谛冈图书馆，著录号码为 Barg. Cin. 350.3。闽中景教堂原刻本，半页九行，行十九字。第一叶上面书题后，题著者及校订人姓名，下面为利氏正容。次澹斋居士张维枢撰《大西利西泰子传》（共十叶），次艾撰《行迹》正文（共二十叶），次李九标《读利先生传后》（共二叶），又次附录《绝徼同文纪》，吴道南等疏，王应麟《居舍碑文》（共七叶）。按艾撰《行迹》，巴黎国家图书馆藏抄本四：甲、Courant 1014，半页八行，行三十七八字不等，共十二叶，书法草率。乙、Courant 1015，行款与刻本同，字为宋体，当系影钞原刻。后有《绝徼同文纪》，而多附《西琴曲意》八章，《曲意》行款与《行迹》不同，则非《行迹》原刻本所附。丙、Courant 1016，半页八行，行二十字，共十九叶，书法尚工整。丁、Courant 996，前有张撰《利传》，后附李氏《书后》，行款并与刻本同，末有"丙子十一月录，计三十三张"一行，则崇祯九年写本也。总此四本，文字大致相同。又

102

我国徐家汇藏书楼,亦藏有旧抄本,民国八年,陈援庵先生校印行世。于时日人斋籐清太郎游欧,抄回巴黎所藏一本,中村久次郎全引入所撰《利玛窦传补篇》中,洪煨莲先生取以对读,知微有不同。余至今未见陈先生印本。但于《益闻录》第二十六号至三十四号(光绪五年十月十七日至十二月十四日),见一印本,不但全削注语,且"熙朝"改为"中朝",显系入清以后所为,恐与陈本又异。Rol. Streit Bibliotheca Missionuni 称艾撰《利玛窦行略》,有一六二〇年北京印本,Pfister 采其说(P. 133),洪先生谓:"此说若无误,则必与今所见二本不同。"按巴黎国家图书馆有抄本《历法格物穷理书板目》(Courant 7046),著录《利玛窦行略》,而同号抄本之《北京刊行天主圣教书板目》,载北京所刊书百二十三种,独无此书。然不得因此遂谓此书无刊本,盖"行略"为"行迹"之初稿,天启以后,递有增修,故闽中刻本,增入天启时事颇多,自增订本出而原本遂微益闻录所载者,亦系就增订本改窜,行略原书,今当不易获见矣。又按李九标《书后》云:"自西泰利子之惠顾吾邦也,五十年于兹矣",则书当刻于崇祯三四年。

　　《坤舆全图》　毕方济撰,今藏华谛冈图书馆,著录号码为 Barg. Cin. 529,刻本,一大幅,面积为 1m11 × 0m76。装裱甚精,盛以锦囊,其爱护之也如是。幅之眉部,为"地本圜体"说明,共五十九行,行十八字,内附小图三。说明之四角,刻"坤舆全图"四大字。正幅为扁图大图一,右两美洲,左亚欧非等洲。其左下方,有"耶稣会士毕方济撰"牌记。诸家未有著录,余惊为孤本。以语华嘉先生,华先生曰:"米兰尚有一本,并已由 Genes 大学地学教授 Paslo Revelli 印行矣。"余闻之,大喜过望,亟欲倩人作介绍信,冀返巴黎时,道出米兰,赴 Ambrosiana 图书馆一阅。乃不可得,华先生则约赴罗马大学地学系舆图书室阅 P. Revelli 影印本。至则仓卒未寻获。华先生复允寻出后,将照片寄巴黎。余所以必欲以一睹米兰本为快者,盖因余目睹明清间西洋教士所为舆图较多,而二三十年来,东西学者关于米兰本,聚讼纷纭,欲由比较而作一最后解决也。余在巴黎既见国家图书馆所藏南怀仁《坤舆全图》(Courant 1914—1622),在罗马又见利玛窦《坤万国全图》(Barb. or. 150.1—6,六幅全。又国立图书馆藏第三四五幅残本)与艾儒略《万国全图》(Baro. or. 151.1)。华谛冈所藏利图,既为世界上第一善本,复于德礼贤神父斋中,见其所作考证,盖意人正在翻印此图,以引论属之德神父也。艾图为单刻本,前有小引,疑成于《职方外纪》以前,与毕方济图似同为国人所未知,俟得米兰本照片,余愿另作专篇,以述此数图之简史。

《中国图》 题"远西耶稣会士卜弥格尔撰",今藏华谛冈图书馆,著录号码为 Borg. cin. 531。写本,第一叶为总图,次为各省分图,最末为海南州府图。用华文标识地名而以罗马字注音。图左右有该地特别物产，及著名人物绘像。伯希和先生于所作《卜弥格传》中，论之已详，见《通报》XXX. P. 95—151，1934，不再赘。又见《十三排地图》初印本（Eorg. cin. 532），缺第十三排，蝴蝶装。按此图今有故宫新印本，初印本甚难得。《国朝宫史续编》卷九十九，著录《皇舆全图》十卷，又《皇舆十排全图》十卷，当系同书，且疑实仅一部。而何以仅十排，则不可解！后徐星伯得一部，或即此本，嗣入陈寿卿家。咸同之世，惊为秘宝，今在海外睹此，亦有足悦目者，因并及之。

《汤若望恩纶褒荣录》　余在罗马见两部，一藏华谛冈（Racc. gen. or. Ⅱ. 163），一藏国立图书馆（C. 121）。共五种，无总名，因代题为"恩纶褒荣录"。书当刻于康熙初年，或在杨光先案以前。其康熙元年二月二十五日诰封若望三代一事，诸家失载，惟赖此知之。每种均有书题，分记于下：

一、恩纶　顺治八年八月二十一日，诰封汤若望祖父汤玉函，父汤利国，为通议大夫太常寺卿；祖母郎氏，母谢氏，为淑人。

二、特锡佳名　顺治十年三月初四日，敕赐汤若望为通微教师。按敕谕文已载《正教奉褒》叶二十六，持与相校，"俾知天生贤人，佐佑定历"，《奉褒》"贤人"作"圣贤"，或编者以意改也。

三、御制天主堂碑记　顺治十四年二月望日制。按碑文已载《正教奉褒》叶三十,持与相校,"岂非天生斯人,以待朕创制历法之用哉",《奉褒》历误作立。"而都城宣武门内,向有祠宇",《奉褒》衍而字。"七政之勋",《奉褒》勋作精。"惟悬笈贝文",《奉褒》悬作玄,此作悬,疑讳改。

四、恩纶　康熙元年二月二十五日,诰封若望曾祖父汤笃录,祖父,父为光禄大夫通政使司通政使;曾祖母赵氏,祖母,母并为一品夫人。此事诸家失载,或与顺治八年事误并为一。

五、碑记赠言合刻　碑记两篇,一大宗伯胡菊潭《赠新修历文》,二弘文院学士刘肇国《赠天主新堂记》。赠言分"寿文""荫文""诗"三类:《道末汤公七袠寿文》三篇,金之俊、魏裔介、龚鼎孳赠;《奉贺道翁汤老先生荣阴序》二篇,胡世安、王崇简赠;诗若干首,胡世安、薛所蕴、王铎、沈光裕、魏裔介、龚鼎孳、徐文元、霍叔瑾等十七人赠。《正教奉褒》叶三十四至四十五,载寿文荫文共五篇。

《天学传概》　李祖白撰,今藏华谛冈图书馆,著录号码为Racc. gen. or. Ⅲ223.12。原刻本,半叶九行,行二十字,前有康熙三年岁在甲辰春王正月柱下史毗陵许之渐序,半叶六行,行十二字。按卷末有云:"癸卯孟冬,公余少暇,客有问天学今昔之概者,谨遵所闻论次之,以代口答",则撰成于康熙二年十月。许序在三年正月,则刊刻成书时也。祖白撰是书当有所为,杨光先见之,大为愤怒。三月二十五日有与许书,极责其作序之非。又于七月二十六日上疏告礼部云:"西洋人汤若望,本如德亚国谋反正法贼首耶稣遗孽,令历官李祖白,造《天学传概》妖书,谓东西万国,皆是邪教之子孙,来中夏者为伏羲氏;六经四书,尽是邪教之法语微言,岂非明背本国,明从他国乎?如此妖书,罪在不赦。主谋者汤若望,求序者利再可,作序者许之渐;伏读《大清津》谋叛妖书二条,正与若望祖白等所犯相合。"又作《选择议》一篇,摘若望选择荣亲王安葬日期,误用洪范五行,下议政王等会同确议。四年三月壬寅,议政王等逐款鞫问,拟钦天监监正汤若望,历科李祖白等,皆凌迟处死。四月己未,再议,汤若望及案内干连人犯等,俱责打流徒。余俱照前议。得旨李祖白等俱著即处斩;特授杨光先钦天监右监副,旋受监正。六月二十一日光先具本叩阍上书云:"助教臣许之渐,序邪教妖书,诚名教中之大罪人,荷皇上宽恩,仅褫其职,亟宜归里,闭门思过,乃敢潜住京师,谋荐复官,声言起官之后,誓必杀臣",自是许之渐亦旋归故里。杨光先之攻击西洋教士,固非专在是书,而却以是书为口实,故是书有关于是案者甚大,因撮《不得已书》、《东华录》等,略述其原委,如上。至康熙七年十一月,起用南怀仁,八年七月,有:"关系西洋人书籍铜像,及《天学传概》书板,前已焚毁,无庸议"之谕,然则若望失势以后,是书书板既已焚毁,印行者必亦摧残无余;正如光先失势以后,其所撰《不

107

得已书》,亦摧烧殆尽,今日此二书原本,当同属难得;余在巴黎既获见饲雀山房原刻本《不得已书》(Courant 1329),今在罗马又获见此,快愉非常,世有以百宋千元相驾者,余以此二书当之!

《身见录》 樊守义撰,今藏罗马国立图书馆,附于残钞本名《理探后》,故世人知者甚鲜。守义于康熙四十六年,随艾若瑟使罗马,追记旅途中所身见为是书。国人来欧者,前于樊氏有郑玛诺;后于樊氏有谢清高,玛诺无撰述,清高又不知学,杨炳南曾录谢氏语以为《海录》,又多荒渺之词。此《身见录》诚为国人游欧者,最早之第一部旅行记矣! 始康熙四十六年十二月澳门登舟,四十七年八月抵葡萄牙,次年至罗马,历游那波利、佛罗伦斯、米兰、都伦等地,至康熙五十七年二月,复回葡萄牙,五十八年二月登舟返国,五十九年六月十三日至广州,留欧洲者凡十年。按康熙派艾若瑟使罗马一事,记载独少,余久欲钩稽中西记载,撰为专文,俾与明末卜弥格事相辉映。盖若瑟归抵大浪山,即死于焚守义怀中,故其事惟守义知之最详。余在巴黎国家图书馆,曾发见 N. F. 5039 号华文,拉丁文,意文文件,为巴多明、穆敬远等报告若瑟在欧洲行程者,莫不与此相合,盖亦据樊氏口述。则是书之重要,固又不仅在为国人第一部游欧记也。余返巴黎,以此书语伯希和先生,先生曰:"是诚华人第一部游欧记也,余于十四年前已见之,惜时间仓卒,未及手录;君如有抄录本,可印行也!"先生又问"此外尚有何希见书?"余曰"希见者先生已见之矣!"则相向大笑。余既钦先生阅览之博,愿遵其意,暇中稍加校注而刊布之,兹先录其自序于下:

"余姓樊氏,名守义,生长山右之平阳。虔事真主,惟期无歉于己而已。忆自康熙丁亥岁季冬之月,远西修士艾先生讳 者,奉命遣往泰西,偕余同游,凡所过山川都邑及夫艰险风波,难更仆数,其或耳闻之而目有未睹者,我姑弗道?即所亲历,亦意末尝笔载一端也。乃于庚子之六月,余独回归中土,时督抚题明遵旨赴京,获觐天颜,仰荷圣赉,至辛丑夏蒙王公大人殷殷垂顾,询以大西洋人物风土,余始以十余年之浪迹,一一追思,恍如昨见,爰举往返巅末,为记其略云。"

《木草品汇精要》四十二卷目录一卷 明刘文泰等奉敕撰,今藏罗马国立图书馆。明钞本,稍有钞补。叶数前有弘治十八年三月十三日,承德郎太医院院判刘文泰王槃,修职郎太医院御医高廷和等进表,进表下有"安乐堂藏书记"长方朱印。为怡府旧藏,原为四十五册,三十六帙,今改为洋装十七巨册。按陶湘《故宫殿本书库现存目》卷中:"明弘治年绘像原书三十六册,格式同《永乐大典》,惟尺寸小十分之一,绘图设彩,五色鲜明。康熙年敕谕再行绘录者,比弘治本又小十分之二,彩色已逊,亦三

109

十六册。民国十二年癸亥夏，中正殿灾，两书流出市廛，弘治本仍完全，康熙重绘本仅存十三册，洵可谓海内之孤帙矣！"此书卷帙格式，绘图设彩，正与陶氏所述相同，至此书何以流落海外，袁守和先生在罗马时，曾询诸华嘉教授及该馆当局，均以年代湮远，不可考。闻国内所藏弘治本，今归郭世五先生，然则弘治所钞，当不仅一部也。

以上所举，在余此行所获见群书中，或有非最足珍者，其所未举，亦有具特别价值者。如汤若望《恩纶褒荣录》，特为巴黎所未有故耳。此外零篇旧档，足资考证者尚多。如李天经、李次彪《名理探序》，雍正四年六月二十二日刑部拟斩穆经远题奏，雍正五年三月初一日，又初五日，五月十一日关于苏努子孙奉教三档，或可补旧籍之遗，或可参内档之秘，尚待将来详参，以与时贤论著取征焉。二十五年十一月二十日草讫，巴黎。